吴中区东山镇地方文化丛书

金惠华 总主编

美丽东山我的家

MEILI DONGSHAN WO DE JIA

第二册

吴金根 主编

苏州大学出版社
Soochow University Press

图书在版编目(CIP)数据

美丽东山我的家. 第二册 / 吴金根主编. —苏州:
苏州大学出版社,2019. 5
(吴中区东山镇地方文化丛书 / 金惠华总主编)
ISBN 978-7-5672-2786-6

Ⅰ. ①美… Ⅱ. ①吴… Ⅲ. ①苏州 - 概况 - 小学 - 乡
土教材 Ⅳ. ①G624.451

中国版本图书馆 CIP 数据核字(2019)第 073097 号

美丽东山我的家(第二册)
吴金根 主编
责任编辑 李寿春
助理编辑 杨宇笛

苏州大学出版社出版发行
(地址: 苏州市十梓街 1 号 邮编:215006)
苏州工业园区美柯乐制版印务有限责任公司印装
苏州工业园区东兴路 7-1 号 邮编 : 215021

开本 718mm × 1 000mm 1/16 印张 23.25(共 4 册) 字数 393 千
2019 年 5 月第 1 版 2019 年 5 月第 1 次印刷
ISBN 978-7-5672-2786-6 定价:90.00 元(共 4 册)

《吴中区东山镇地方文化丛书》

序　言

东山，山环水绕，山清水秀。她，既有江南水乡的温柔，又有山区峰林的俊秀；她，集太湖山水的灵气与吴文化的神韵于一体……她所孕育的丰富的人文胜境、杰出的古今人物、精细富缛（rù）的明清建筑、远近闻名的鱼虾茶果等均享誉大江南北。

历经多年的发展，东山已成为名副其实的“中国历史文化名镇”“国家5A级旅游景区”“全国环境优美镇”“国家卫生镇”“中国碧螺春之乡”……

40年间，聪明勤劳的东山人持续传承地方优秀文化，不断奏响“立镇、兴镇、强镇”的新乐章。特别是党的十九大以来，东山人更是不忘初心、砥砺前行，在方方面面贡献出自己的力量。东山，正日益呈现其绚丽多彩的新姿态。

怀着让我们的后代更好地“知东山、识东山、爱东山、为东山”的愿望，我们专门组织东山镇历史文化研究会、东山中学、莫厘中学、东山实验小学、东山中心小学、东山镇社区教育中心，共同编写了这套《美丽东山我的家》地方文化丛书。

本套丛书共分四册。第一册基于“风景名胜、特色物产”，适用范围以小学1~3年级学生为主；第二册基于“古镇古村、民俗风情”，适用范围以小学4~6年级学生为主；第三册基于“名门望族、名人轶事”，适用范围以初中学生为主；第四册基于“传统工艺、大美东山”，适用范围以高中学生为主。

本套丛书，以全面的视角、翔实的素材、精练的语言，力图呈现一个历史悠久、风光秀丽、文化积淀深厚的东山。书稿图文并茂、语言通俗，力图使全镇中小学生都能按系列、有系统地学习地方文化。通过“边读边行”，使学生知乡、爱乡，长大为家乡东山增光添彩……

编　者

2018 年 10 月

目录

CONTENTS

一 东山概况

二 名镇名村

三 文明遗址

四 东山风貌

五 民俗风情

一、东山概况

1 东山的由来

课前热身

你知道，为什么我们东山人称自己是“山浪人”吗？

我的观点

家长的观点

知识窗

东山风景秀丽，物产丰富，人杰地灵，是中国历史文化名镇。

东山是太湖东部的一座半岛，因其在太湖洞庭山的东面，故又名洞庭东山，是江苏省苏州市吴中区的一个千年古镇，素有“花果山、鱼米乡”的美称。东山历史悠久，早在一万多年前就有人居住了。

图 1-1-1　东山半岛

东山半岛的形成

东山原为太湖中的基岩岛屿，经过流水千万年的侵蚀，在山地东南麓的溪流谷口堆积了数个小型冲积扇。又经过漫长的岁月，湖水浸淹至冲积扇中部。据史料记载，隋唐时期，东山与陆地之间的水面宽达 15 千米。明代，太湖北岸东山一带的滩地开始发育，并陆续伸展形成平原。东山与原渡村之间的湖面逐渐缩窄，由于不断淤淀，至清道光年间（约 1830），两地只隔着一条河，形成一个渡口，东山就成了太湖中最大的半岛。

莫厘峰

莫厘峰是东山最高峰，海拔 293.5 米，是太湖七十二峰中仅次于西山缥缈峰的第二高峰。

莫厘峰位于东山镇北面，因隋朝莫厘将军隐居且安葬于此而得名。山上有雨花台、还云亭等景观。“莫厘远眺”是东山八景之一。

图 1-1-2　莫厘峰

表 1-1　东山的建置区划

朝代或时期	纪　年	隶　属
旧石器晚期	一万多年前	有原始人类居住
先秦时期	公元前 11 世纪	隶属勾吴国
	公元前 509 年	隶属吴国
	公元前 473 年	隶属越国
	公元前 334 年	隶属楚国
秦　朝	公元前 222 年	隶属吴县
宋　朝	公元 1113 年	隶属湖州
明　朝	公元 1372 年	归属吴县
清　朝	公元 1736 年	隶属太湖厅
民　国	公元 1912 年	归属吴县
中华人民共和国	公元 1949 年	隶属太湖行政办事处
	公元 1951 年	归属吴县
	公元 1953 年	归属震泽县
	公元 1959 年	并入吴县
	公元 1995 年	隶属吴县市
	公元 2001 年	隶属吴中区

图 1-1-3　诸公井

全国东山知多少

美丽东山是我的家。可是，全国叫东山的地方有多少呢？
云南省曲靖市麒麟区有东山镇；
云南省大理白族自治州的祥云县有东山彝族乡；
云南省丽江市永胜县有东山傈僳族彝族乡；
湖南省岳阳市华容县有东山镇；
广西壮族自治区桂林市有东山瑶族乡；
江西省赣州市犹县有东山镇；
江苏省南京市江宁区有东山街道；
福建省漳州市有东山县；
台湾省台南县有东山乡。

实践园

写一写

你还知道全国有哪些地方也叫东山吗？给那里的学生写封信，介绍一下我们东山吧。

拍一拍

东山境内山峦丘陵连绵起伏，调查一下都有哪些山，并找机会拍一拍这些山（或从网上寻找这些山的图片贴在下方）。

读一读

为东山喝彩（节选）

东山是我们心底的念想，是我们时时向往的地方。我们可以在这里尽情地徜徉，在这里恣意地行走，我们可以和古人对话，可以细细鉴赏那些精湛的民间工艺，还可以泡上一杯碧螺春，品尝一道白煨羊肉。到古村的小街上去看一看，感受它在河岸两边展开的东山人千百年来的日常生活。

东山的文化、东山的历史，是广泛散落在民间的。它浸润在每一处历史遗迹中，它渗透在每一个村庄的生活习俗中，它甚至完全地流淌在每一个东山人的血液中。

（作者：范小青）

2 东山的地理

课前热身

看地图，说说我们东山镇位于苏州市什么位置。

图 1-2-1　苏州区位示意图

知识窗

东山镇位于苏州西南部，在吴中区的南边，是太湖东南的一座半岛。东山三面临水，一面连陆，东与苏州市吴江区，南与浙江省湖州市，西与吴中区西山岛（金庭镇），北与太湖度假区隔湖相望，东北与吴中区临湖镇相邻。东山还包括太湖中的三山、余山等 11 个岛屿，总面积 96.55 平方千米。近年，全镇总户数 16 700 户，总人口 53 324 人，有外来人口约 8 000 人。

东山境内山峦起伏，形成鱼龙脊背状，呈东北、西南走向的山峰主脉把东山分为前山与后山两部分。

东山大部分地区是平地，西北部为丘陵山区。山丘上大部分是砾质薄层红黄土，植被主要是针叶树和其他杂树的混合林；山坡的下部和山坞里都以黄土为主，是果树的主要种植区；滨湖较低的大片平地以草渣土、细沙土、清沙土等为主，主要种植粮食、蔬菜等农作物；沿湖低洼地区则开辟为万亩鱼塘。东山境内有大小河流 37 条，纵横交错。渡水港是贯穿东山南北的主要水道，全长 12 千米。

东山土壤肥沃，气候温暖，日照充足，雨水充沛，物产丰富，是名副其实的“花果山，鱼米乡”。

实践园

找一找

在东山镇地图中，找一找我们的学校。如果没有，请你在地图上标一标。

图 1-2-2　东山区位示意图

东山概况

写一写

你知道在东山镇四周隔水相望的都有哪些乡镇吗？写下来，比比谁写得多。

说一说

把东山的地理位置说给家人听。

走一走

1. 在父母的带领下，环东山兜一次风，拍下沿途风景，感受家乡的独特风光。

2. 在师长的指导下，设计一条从东山镇到苏州市图书馆的公交路线图，并且和父母一起根据路线图去实地走一走。如有不足或不便之处，请修改路线图。

公交路线图初稿

公交路线图修改图

二、名镇名村

1 历史文化名镇——东山（一）

知识窗

东山的历史变迁

东山历史悠久，由三山古文化遗址发掘证实，一万多年前的旧石器时代晚期，东山一带就已经有人居住。春秋时，东山不仅是吴王狩猎游乐之处，更是吴国军事要塞。秦始皇统一中国后推行郡县制，东山属于会稽郡吴县。唐代吴县只设三个镇，东山就是其中之一。宋、明两代东山又复兴盛，人才辈出，仕宦商贾 (gǔ) 足迹遍及海内外。清朝乾隆元年（1736）撤太湖水利同知署，设太湖厅（县级），厅署驻东山。咸丰十一年（1861），太平军设东珊县，县治驻东山。同治二年（1863），太平军撤离东山，东山复属太湖厅。1912 年废太湖厅，东山归属吴县。

1949 年中华人民共和国成立后，东山历史揭开了新的一页。中华人民共和国成立初期，太湖行政办事处设在东山。1951 年撤太湖行政办事处，东山划归吴县。次年又恢复，1953 年再撤之，设置震泽县，县治驻东山。1959 年撤震泽县建置，并入吴县，东山属吴县。1995 年 7 月吴县撤县设市。2001 年 2 月撤吴县市设立苏州市吴中区、相城区，东山隶属苏州市吴中区，这标志着东山又进入了一个崭新的历史发展时期。

历史长河为东山留下了宝贵的文化遗产，2010 年，古镇东山被评为中国历史文化名镇。

对于东山悠久的历史，你想说什么？

漫步东山古镇

古街古巷

东山古街相传形成于南宋初期，完善于明代中期，繁荣于明后期至20世纪80年代初期。古街东起张师殿，西至麦场头，长2 000多米，宽2~3米，中间铺了花岗岩石板，两边铺的是小青砖。石板的纹饰多样，以人字图案为主，兼有席纹和回纹。其中有皇帝曾经走过的御道，精致古朴。石板下面是下水道，雨水可顺着石板渗下，回流至河中，旧有“东山一条街，雨后可穿绣花鞋”的俗语。古街两侧开设店铺400余家，有百货、茶食、日杂、布店、车行、米行、油坊、菜市、饭庄、客栈、浴堂、铁铺、银楼、古玩等，还有茶馆、书场、戏院等休闲娱乐场所，时常客人盈门，热闹非凡。

东山古街的两侧分布着38条小巷，如古石巷、古秦巷、东万巷、西万巷、茶叶弄、通德里、马家底等。古巷大多有巷门和更楼，宛如城堡，这在当初是为了防止湖匪侵扰，现在已基本拆除，唯东园巷还保留巷门、松园弄还保留更楼。这些小巷蜿蜒曲折，深邃(suì)悠长，满溢着古朴恬淡的气息。

图 2-1-1　陆巷

图 2-1-2　翁巷

图 2-1-3　董宅

小资料（一）

古街的中心地段叫阁老厅，也称为王衙前、王家门前，为明朝大学士王鏊故居。阁老厅气势恢宏，门前有石座旗杆，大门左右置青石雕花石鼓墩，外设下马石。厅外街上有一座牌坊，有联“一举登科日，双亲未老时”，指王鏊殿试中探花时才 26 岁，其父母不足 50 岁。由于牌坊的缘故，人来轿往都得绕一个弯，于是此地被称为“轿子弯”。街口立有一碑，上刻“文官到此下轿，武官到此下马”。现因道路拓宽，有些遗迹已不存。

民居厅堂

东山豪华宅第（厅堂）历史悠久，起于隋，兴于宋，盛于明清时期。至清末，东山有陆巷、杨湾、上湾、北望、翁巷、席家湖、马家底、殿前、叶巷等 9 个明清古建筑群，含 414 幢古宅第。

据《东山古建筑》记载，至 2000 年年初，东山仍保存有明清民居 112 幢（部分已仅剩残屋），其中有明代明善堂、怀荫堂、熙庆堂、楠木厅、绍德堂、瑞霭堂、凝德堂、遂高堂、务本堂、敦裕堂、椿桂堂、惠和堂等，有清代裕德堂花厅、松风馆、文德堂、乐志堂、苏香室等。近代建筑有启园、春在楼等。

图 2-1-4　惠和堂（一）

图 2-1-5　雕花楼（一）

图 2-1-6　凝德堂（一）

小资料（二）

务本堂又名“秋官第”，是明朝弘治九年（1496）进士严经的住宅。因严经曾任刑部主事员外郎等官职，所以他的宅第也就被命名为“秋官第”。

务本堂原规模较大，由门厅、大厅、前楼、后楼、附房、花园等组成。现仅剩分布于一条纵轴线上的前楼（瑞云楼）、后楼及位于楼前的砖雕门楼等几座建筑。

古泉古井

东山名泉众多，有王鏊题字的丰圻海眼泉，李根源题记的灵源泉，有雨花台的萃香泉，法海坞的青、白两泉，俞坞的碧雪泉，白沙的天井泉，尚锦的碧螺泉等。

东山古井不可胜数，有唐代柳毅井、宋代法海寺双井等。诸公井位于东山西街，开凿于明末。当时东山大旱，附近十来位老人倡议开井，为了纪念这些老人，以“诸公”为井名，并建了井亭。1982 年，诸公井被列为江苏省文物保护单位。

图 2-1-7　诸公井

古村风韵

东山镇现有 12 个建制村，1 个社区，183 个自然村，其中陆巷村、杨湾村、三山村被国家住建部、国家文物局命名为“中国历史文化名村”，陆巷村、杨湾村、三山村、翁巷村被命名为“中国传统村落”。

图 2-1-8　惠和堂（二）

图 2-1-9　陆巷春景

图 2-1-10　惠和堂（三）

实践园

填一填

东山镇有许多国家级、省级和市级保护建筑，你知道它们的建造年代及地址吗？试着写一写吧。

文物等级	文物名称	文物性质	年　代	所在位置
全国重点文物保护单位	轩辕宫正殿	古建筑		
全国重点文物保护单位	明善堂	古建筑		
全国重点文物保护单位	春在楼	近代代表性建筑		

走一走

同学们，带上你的体验护照，去东山天然泉水厂参观，了解矿泉水的生产流程吧！

查一查

东山是省级森林公园，镇上古树名木数不胜数，你知道灵源寺的罗汉松、紫金庵的黄杨、东山东街敦裕堂前的紫藤树树龄分别是多少年吗？

写一写

查一查在东山拍摄的影视作品，把了解到的影视片名写下来。

2 历史文化名镇——东山（二）

知识窗

东山的名胜古迹

东山地处太湖之滨，莫厘峰麓，自然风光、人文景观等旅游资源十分丰富，自古以来就是著名的旅游胜地。清朝康熙三十七年（1698），翁澍《具区志》中首举东山十景“丰圻探梅”“武峰桃浪”“白沙卢橘”“葑山芰荷”“翠峰松径”“仙峤枫叶”“化龙飞泉”“寒山落照”“菱湖秋月”“厘峰积雪”。至乾隆五十年（1785），曾任太湖厅司吏的程思乐又记东山八景为“莫厘远眺”“西坞闲行”“蓼溪桑市”“葑山荷舫”“秋街玩月”“翠峰登高”“长圻探梅”“太湖归帆”。

中华人民共和国成立后，特别是改革开放以来，东山旅游业快速发展。今日东山名胜景点密布，有九大景区：莫厘峰景区、紫金庵景区、龙头山景区、杨湾景区、长圻景区、三山岛景区、陆巷景区、滨湖景区、市镇景区；三十多处景点：莫厘峰、雨花禅院、雨花胜境、紫金庵、西坞、葑山寺、蛇王庙、路文贞公祠、杨湾古街、轩辕宫、明善堂、灵源寺、震泽底定桥、长圻咀、铜鼓山、碧云洞、三山岛、陆巷古村、寒谷山、化龙池、王鏊墓、东山宾馆、启园、柳毅井、白马庙、余山岛、滨湖风光、雕花大楼、将军街、洞庭苑等。

图 2-2-1　紫金庵（一）

图 2-2-2　白马庙

东山的名人名著

东山历史悠久，人文荟萃，素以“进士之乡，教授之镇”著称。明清时代的 2 名状元、1 名探花、56 名进士，当代的 4 名中科院院士、400 余名学者教授，均很好地凸显了东山的人才优势。我国的一些高精尖工程专家组中，都有东山籍科学家的身影。东山为祖国贡献了大量的人才。

王鏊（1450—1524）字济之，号守溪，时人尊称他为震泽先生，东山人。明成化十年（1474）乡试和会试皆为第一，殿试为探花，授编修，历任侍讲学士、讲官、少詹、吏部侍郎、户部尚书、武英殿大学士、少傅兼太子太傅等。居官 30 年，除俸禄之外无厚蓄。嘉靖二年（1523）秋，米价腾涌，影响民食。一日，饥民 600 余人拥至王家求粮。王鏊家有田 200 亩，靠租米收入赡家，余粮本就不多。饥民既来，不能不给，但不能多给，于是每人给米 1 升。次日，又来 800 多人，王鏊只得如昨天一样给予。第三日，来了近千人，王鏊家米已发尽，不得已给每人买一升米之钱。王鏊虽官至高位，囊箧甚薄，被称为“天下穷阁老”。嘉靖三年（1524）病卒，终年 75 岁。

图 2-2-3　王鏊画像（一）

图 2-2-4　惠和堂内部

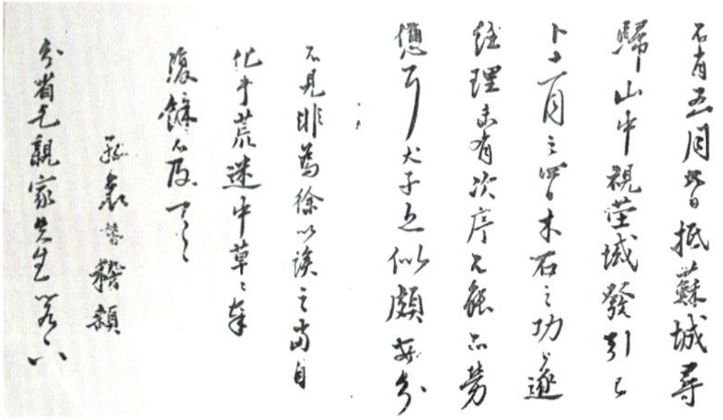

图 2-2-5　王鏊书法作品

归省过太湖

〔明〕王鏊

十年尘土面，一洗向清流。山与人相见，天将水共浮。
落霞渔浦晚，斜日橘林秋。信美仍吾土，如何不少留？

王守觉（公元 1925 年—公元 2016 年）原名守平，中国科学院院士。1960—1963 年，主持中国第一批硅平面型晶体管研制，研究成果已投入生产，为在“两弹一星”研究工作中发挥重要作用的 109 丙机提供了全套器件。1970 年，他又成功研制了中国第一批集成电路。1974 年，中国第一台自动制版用的积木式图形发生器在王守觉主持下改装成功，并被制成大规模集成电路掩模板，推动了我国集成电路的更新和发展。1980 年，他当选为中科院学部委员（后改为院士）。2001 年，其研制的“人工神经网络”获北京市科技进步一等奖，还获何梁何利基金科学进步奖。他以个人名义在东山中学创办“王守觉院士希望奖学金”，每年对优秀学生给予表彰和奖励。

东山的文化积淀自唐宋始，至明清时期达到一个高峰，孕育了许许多多诗人、文学家、书画家、金石篆刻家，以及数以千计的诗集、文集。据《太湖备考》《乡志类稿》《苏州民国艺文志》《江苏艺文志·苏州卷》等书记载，元、明、清三朝，东山有作家 359 人，集结诗文 1 000 多部，东山籍人士参与编纂的府县志、镇村志有 20 多部，各大家族普遍纂修氏族谱牒，这些著述分藏于北京、南京、上海等地的档案馆、图书馆、方志馆。现当代东山籍教授、作家 420 余人，出版专著或作品千部以上。2015 年 7 月，苏州市委宣传部、市文广新局、市阅读节组委会办公室联合举办苏州传世名著推选活动，最终评定 50 部苏州传世名著，其中东山有 3 部：王鏊《震泽集》、吴有性《温疫论》和金友理《太湖备考》。

莫厘峰

〔明〕葛一龙

莫厘峰，高几许；白日溟濛散烟雨。
襟领崔嵬七十二，何异柜文莅郏莒。
振衣独立春风生，春风揭地波涛倾。
将军战骨化为土，湖上青山空殉名。

登莫厘峰

〔清〕查慎行

青天七十二芙蓉，個是芙蓉第一峰。
吴越有山多作案，东南无水不朝宗。
荡空日气消飞蜃，拔地风声稳卧龙。
曾记岳阳楼畔望，肯教云梦芥吾胸？

东山的茶文化

碧螺春茶文化

自清代迄今，洞庭碧螺春茶蜚声中外，许多文人墨客写下众多与此相关的篇章。清代众多吟咏碧螺春茶的诗词作品中，堪称佼佼者的有李慈铭的《水调歌头·碧螺春》、梁同书的《碧螺春》和王元辰的《碧螺春歌》，民国俞寿康的《咏碧螺春》、徐豫的《采茶歌》也较著名。现代咏碧螺春的文人更多，其代表作为周瘦鹃的《咏洞庭碧螺春三首》和谢孝思的《东山即事》。

水调歌头·碧螺春

〔清〕李慈铭

谁摘碧天色？点入小龙团。太湖万顷云水，渲染几经年。应是露华春晓，多少渔娘眉翠，滴向镜台边。采集筠笼去，还道黛螺奁。龙井洁，武夷润，岕山鲜。瓷瓯银碗同涤，三美一齐兼。时有惠风徐至，赢得嫩香盈抱，绿唾上衣妍。想见蓬壶境，清绕御炉烟。

图 2-2-6　采茶姑娘

图 2-2-7　碧螺春

实践园

读一读

柳毅传书

相传，唐朝时书生柳毅赴长安赶考落第，在归途中经过泾河，路遇洞庭龙宫三公主。三公主备受其夫泾河龙王十太子虐待，被折磨得遍体鳞伤，化身为牧羊女在此放牧。柳毅同情三公主的遭遇，憎恶泾河龙王十太子的残暴，毅然为龙宫三公主涉水登山，千里奔波至洞庭传书，向龙宫三公主之父洞庭君求救。洞庭君优柔寡断，虽心疼女儿，却又不敢发兵泾河救回女儿。洞庭君之弟钱塘君闻讯，勃然大怒，发兵杀了泾河龙王十太子，救出侄女三公主。三公主回宫后，为柳毅奉酒答谢。钱塘君化身为媒人前往柳家说媒，于是二位有情人终成眷属。

填一填

走进东山方志名人馆，了解更多名人故事，并简要填一填下面表格。

姓　名	年　代	主要功绩

写一写

“积金积玉不如积书教子，宽田宽地莫若宽厚待人。”这副对联对仗工整、发人深思，说说你的感受。

做一做

参观江南茶文化博物馆，学习制作碧螺春茶。

访一访

走访东山茶馆，了解东山茶俗。

3 历史文化名村——三山村

知识窗

三山村概貌

三山村位于苏州市区西南50千米处的太湖之中，由泽山、厥山、三山三岛组成。登山眺望，烟波浩渺，水阔天高。三山岛与层次丰富的西山群岛的石公山、明月湾及本地的长圻咀等互为对景，可谓“仙岛无仙人人仙，画中有画处处画”。

图 2-3-1　三山岛

三山村的地理

三山岛扼苏、湖、杭、锡太湖航道及申芜运河之咽喉，昔日曾是太湖航运驿站。三山本岛有大山、行山和小姑山三山相连。三山村为东山镇属行政村。

观察地图，想一想：人们要去三山村旅游，需要什么交通工具呢？

图 2-3-2　三山岛景区示意图

名镇名村

三山村的历史人文

三山岛历史悠久，古吴文化源远流长。1984 年考古学家发现并挖掘出了 1.2 万年以前的旧石器和古化石，将其称为“三山文化”，这一发现可证明太湖流域同样为中华民族的发源地。

图 2-3-3　三山古建筑

三山村兴起于唐宋，鼎盛于明清。村内现存清俭堂、师俭堂、九思堂、荆茂堂、震远堂及秦祠、薛家祠堂等历史建筑 33 幢，还有古桥、古井及自唐宋以来的 260 余件石雕、石碑和墓志铭等文物。三山吴氏为村中大姓，系吴王族延陵季札一支的后裔。其次为秦姓，是著名词人秦观的后裔。

三山岛从汉朝建乡制后，除两度短期归属湖州府乌程县外，绝大多数时间属苏州府吴县管辖，称洞庭乡。晋称三山为蓬莱，晋王嘉撰《拾遗记》云：“海中有三山，其形如壶。”明文渊阁大学士王鏊撰《壑舟园记》云：“天会登斯阁也，如睹海上三山，灵奇满目，又如长房缩地，身入壶中而不自知其已仙也。”清朝胡德琳《依绿园记》、徐乾学《道书》均称三山岛为洞天福地。

图 2-3-4　三山居民

三山村的民生

三山岛历来以农业为主，村民收入微薄，自 2001 年 9 月成立“三山旅游开发公司”以来，旅游业已成为三山村发展经济的支柱产业，也成为村民收入的重要来源。近年来，三山村实现旅游收入近 2 000 万元。村民民宿、“农家乐”饭店有近百家，三山岛上的载客电瓶车有 20 多辆，加上快艇、导游、农副产品销售等，旅游带动的收入近亿元。旅游业的蓬勃发展，壮大了村级经济，提升了村民的经济收入。

图 2-3-5　采茶

图 2-3-6　泾渡

图 2-3-7　三山风貌

三山村的发展

长毛兔，改革开放后的“第一桶金”

20 世纪 80 年代中期，全国各地不断有人“找”到三山。他们不是来旅游的，而是来买兔苗的。这就怪了，这些人为什么要千里迢迢，赶到这里来买兔苗呢？再说，他们又是怎么知道这个太湖小岛的呢？说来话长。

三山岛养兔子的情况早就有了，不过那时候是草兔，没多少经济价值。尽管岛上没有黄鼠狼，也没有毒蛇，很适合兔子繁殖，但也没有多少人家饲养。

1980 年，村民张柏年最先开始饲养长毛兔，兔子是他每对 3 元钱从吴江庙港买来的。由于他不会剪毛，便只卖繁殖出来的兔苗，不仅卖给村里人，还卖给东山镇上的人。同年，沈光华等三家也开始饲养长毛兔。兔子是南京外贸公司送给他们的，每家1只公兔，西德种。经与本地兔子杂交，它们“下一代”的毛色很好，常有浙江人来收购，他们也就跟着浙江人学会了剪毛。当时的兔毛收购价是每斤102元，沈光华家养了100多只兔子，每年剪五次毛，每次能卖100多元，加上兔苗出售，收入在当时是很丰厚的了。很快，三山岛上几乎家家户户都饲养了长毛兔，既剪毛，又卖苗，形成了一定规模。1985年全国多地发生兔疫，兔子纷纷病死。独有三山，因为是湖中孤岛，“与世隔绝”，受外界影响较小，兔子大多很健康。村民张侣年抓住这一大好时机，在《农民日报》上登了两次广告，引得各地养兔专业户不断赶到苏州，再一路辗转到三山购买兔苗。如此，“兔岛”三山声名远扬。可以说，这是三山人在改革开放之后掘到的“第一桶金”。

三山村的旅游

三山岛是旅游胜地，设有生态果树示范园及采摘园，总面积0.2平方千米，种植品种包括枇杷、桃树、李树及茶树。三山人民充分利用得天独厚的自然景观、文化资源等，将丘陵山区的现代农业和旅游产业有机结合，使休闲乡村、旅游农业的特色得以有效呈现。

图 2-3-8　三山晚景

三山岛旧有十景之胜，现存“姑亭”“板壁峰”“叠石”“十二生肖石”“香炉石”“牛背岩”等，自然风光宜人，被称为“水碧山翠小蓬莱”。

图 2-3-9　悠闲游

实践园

贴一贴

搜集三山村的相关景点的介绍，如果是照片就贴在这里，如果是资料请摘抄在这里，记得要和大家分享哦！

4 历史文化名村——陆巷村

知识窗

陆巷村概况

陆巷村位于东山半岛西北部，背山面湖。被誉为“宰相状元故里，教授院士摇篮”。陆巷历史悠久。春秋战国时期，吴国在此设北望、南望军事哨所，在南北箭壶岛设射箭训练场。宋靖康二年（1127），宋室南迁，途经太湖，有翁、王、叶、陆、姜等多员战将把家眷安顿于寒谷山下，辟巷建村，择湾而居，筑起六条巷道扇面般伸向山坞，又凿三河沟通太湖水系，形成一街（明代紫石街）、三港（寒山港、陆巷港、蒋湾港）、六巷（康庄巷、文宁巷、韩家巷、姜家巷、旗杆巷、固西巷）的聚落格局。此后村落基本上维持着这种格局，较好地保存了“南渡遗地湾居古村”的特色。

陆巷村的建筑

陆巷现存历史建筑60余幢，其中保存较完整的有29幢。陆巷传统民居多属太湖流域穿斗式木构建筑，采用木、石和砖瓦建造，结构轻巧，形式多样，风格清丽，布局灵活。惠和堂、粹和堂、怀德堂、状元及第墙门、春卿第、北区洋公所、三有堂、双桂楼、世和堂、会老堂等25处传统建筑具有很高的历史文化价值。

图 2-4-1 惠和堂大厅

图 2-4-2　解元牌坊

陆巷古村建筑顺应地势，随高就低，鳞次栉比，交错穿插。内有许多大型住宅建筑，颇具历史价值和艺术价值。这些民宅具有鲜明的明清建筑风格，外观简洁而造型精巧，门窗梁架等彩绘秀美，雕刻精致；门楼砖雕精美；厅堂色调雅素明净。陆巷明清住宅的平面布局一般以纵轴线为准绳，自外而内次第安排照墙、门厅、轿厅、大厅、楼厅、界墙。轴线上的房屋，陆巷人谓之“正落”。正落左右各有一条纵轴线，往右为书房杂屋，左为女厅厨房。左右两边的房屋，陆巷人谓之“边落”。正落与边落间，用备弄连接。这类大型住宅，前后四进，每进房尾都用天井分隔。大厅后面的库门，是内宅和外宅的分界线。大厅是住宅的主要建筑，楼厅是住宅的最高建筑，大厅和楼厅是内宅的中心，具有典型的苏派建筑风格。

图 2-4-3　会老堂

陆巷影视基地

陆巷村的村民们家家都种橘树、茶树。这里出产的橘子是江南有名的陆巷橘，茶叶是天下闻名的碧螺春。靠山吃山，很是自然，可这里的村民也能靠水吃水，因为这里还有江苏第一大淡水湖——太湖。村里许多人家有渔船，他们或是打鱼，或是捉虾，充分享受着大自然赐予的一切，享受这诗一般美好富足的生活！

图 2-4-4　洞庭红橘

图 2-4-5　碧螺春茶

古村就山近水，物产特别丰富。红橘、杨梅、枇杷闻名遐迩，碧螺春茶叶享誉海内外，“太湖三白”早已声名远播。2013 年 8 月，陆巷被命名为“全国影视拍摄景地”。《橘子红了》《红粉》《摇啊摇，摇到外婆桥》等电视电影的拍摄，为陆巷吸引了众多的游客。如果从东山镇徒步到陆巷的话，途中可欣赏到杨梅林、碧螺春茶园、枇杷林、橘子林，间或有青竹等点缀其中。

图 2-4-6　守溪街

图 2-4-7　陆巷影视拍摄景地

图 2-4-8　接天莲叶

东山以人文荟萃、人才辈出著称，这在陆巷尤为突出。宋翰林学士、户部尚书迁尚书左丞叶梦得、明正德年间大学士王鳌均曾居于陆巷。近代以来从陆巷这个古村落走出了教授、学者 60 多名，其中有中科院院士王守武、王守觉，还有被称为“中国居里夫人”的何泽慧等。

实践园

说一说

陆巷村名人辈出，你知道多少名人的故事呢？请分别听家长和同学讲一讲，并分享你知道的故事。

○ 听家长讲故事

题目：

○ 听同学讲故事

题目：

○ 听我讲故事

题目：

图 2-4-9　叶梦得画像

图 2-4-10　王鏊画像（二）

贴一贴

把旅游的照片贴在这里吧！

写一写

把旅游的感受分享在这里吧!

读一读

陆巷新年习俗

早些时候，腊月十六之后，陆巷村里的老人们定会忙着赶大集，办年货，然后扫屋子以祈望扫除一年的晦气，接着磨点米粉做年糕，祈祷上天保佑孩子越长越高，蒸些馒头祭奠天地先祖，希望一家平安幸福…… 现在省略了不少，只保留了掸檐尘、送灶、“过节”等简单易行的内容。人们做糕用的米粉是现磨的，放在蒸屉上，用纱布垫着，略微夯实后，夹一层豆沙，再铺米粉，最后撒上核桃仁、葡萄干、松子肉、瓜子仁、小块猪油、红枣肉、红绿丝……花花绿绿煞是好看。小年夜之前猪油糕、年糕、八宝饭都要准备停当，提前给人送去，亦是年礼一份。年年大年初一要祭天，鱼、肉给祖先，自家则要吃些甘蔗、猪油糕、年糕，讨个新年节节高的好彩头。

5 历史文化名村——杨湾村

知识窗

杨湾村概况

杨湾村位于东山半岛西北部，背山面水，呈“扶山而居，扼水而行”之势。它东起湖滨浜场，西到轩辕宫，站在浜场上远眺，整座古村像一只即将展翅的飞燕，正欲乘风飞上蓝天。杨湾村有着古村该有的样子，有历史，有风光，有故事，有宁静悠远、宠辱不惊的气质。

图 2-5-1　费宅

杨湾古韵

杨湾历史悠久，文化遗存众多，是全国为数不多的明清古建筑数量多、质量高、保存完整的古村落之一，村里有不少国家级保护单位。杨湾古村有最值得骄傲的“明朝一条街”——杨湾老街，还有三个“国宝”——轩辕宫、明善堂、怀荫堂。

杨湾老街

杨湾老街全长 1 461 米，始建于宋室南迁后，兴盛于明、清、民国直至 20 世纪 80 年代初。这里一直是东山西南部的主要商埠和水运码头，是集元、明、清各时期建筑之大成的地方。其中明朝的建筑最多，保存最完好，所以有“明朝一条街”的美名。踏入老街，就能看见街面用青砖砌成的人字、回字、一字等形状，人们称之为御道。据说这是当年为了迎接乾隆皇帝而修建的。

图 2-5-2　杨湾老街（一）

图 2-5-3　杨湾老街（二）

轩辕宫

轩辕宫也叫胥王庙，现存的正殿，庭柱、檐柱及大部分梁架、斗拱等木结构都是元代遗物；殿内的彩绘构图简练，云龙体态雄浑，体现了早期苏式彩绘的风格特征。

图 2-5-4　轩辕宫（一）

明善堂

明善堂是一幢四进的民宅古院，建于明末。整座建筑布局合理，具有较强的艺术性和实用性。门楼和塞口墙等砖雕美轮美奂，令人叹为观止。

图 2-5-5　明善堂

怀荫堂

怀荫堂是一处典型的明代居民住宅，共两层，11 间，建筑面积 200 多平方米。其整体建筑和木雕、砖雕颇具特色，是目前保存较为完好的明代建筑。

图 2-5-6　怀荫堂

实践园

走一走

杨湾村有历史建筑 60 余处。请利用节假日和爸爸妈妈一起去参观一下，把旅游照片和感受分享在这里吧！

贴一贴

名镇名村

读一读

青蛙村

西巷村是东山杨湾古村的自然村落之一，村内栖息的青蛙品种丰富。勤劳智慧的村民经过精心打造，让这个乡土味十足的小山村变身为“青蛙村”，主题民宿、涂鸦雕塑，处处透着文艺范儿。连村口的公交站牌和村内的下水管道口都被精心设计成青蛙造型。想不想去西巷村在青蛙主题民宿住一晚，在青蛙咖啡馆喝杯咖啡，在自行车主题餐厅吃顿午餐？想不想去感受一下乡土气息与文艺范儿的碰撞呢？

图 2–5–7　青蛙村风貌（一）

图 2–5–8　青蛙村风貌（二）

图 2–5–9　青蛙村风貌（三）

6 传统村落——翁巷村

知识窗

翁巷村概况

翁巷村是东山镇一个较为古老并得到较好保护的村落。历史上这里靠近当时的席家湖码头，通商极为便利，所以经商者多居住于此。翁氏家族先祖翁笾（biān）在这里购地建宅、大兴土木，其子侄辈相继在左巷右弄筑宅建园，形成了一条长巷，始称“翁巷”。明朝中期这里就已经非常兴盛了。翁巷村依山而筑，背山临湖，以东西向之一路（湖滨路）、南北向之二水（金家湖溪、长泾浜）和众多村巷汇聚于双潭，形成村落格局。整个村庄严如城堡，有弄必有门（巷门），有巷必有楼（更楼），巷门朝启晚闭。

图 2-6-1　太湖风光

图 2-6-2　巷门

翁巷村遗址

先秦时期，翁巷就有吴地先民在此繁衍生息。翁巷的翠峰坞与芙蓉峰曾发现1万年前先民土墩遗址。春秋时期，翁巷是吴王的游乐地，翠峰坞有石室遗址及望越台。传说范蠡有宅子在翠峰坞，唐代席温将军墓址也在此。村内还有曾迎接过康熙皇帝的御道花园弄。

翁巷村明清建筑

翁巷有大量明清时期的建筑遗产，如今保存完好的有国家级文保单位凝德堂、省级文保单位瑞霭堂，还有席家的敦大堂、古香堂，严家的修德堂、尊德堂等，这些明清建筑均体现出苏州香山帮工匠杰出的建筑水准和精湛的装饰技艺。

图 2-6-3　凝德堂（二）

图 2-6-4　瑞霭堂

图 2-6-5　松风馆

启　园

离翁巷村不远的启园，原先所在地属于翁巷村，后随时间变迁，两者才区分开。启园又叫“席家花园”，是东山富商席启荪为纪念祖上曾在此迎候康熙皇帝所建。柳毅井、古杨梅树、康熙皇帝御码头是园内三宝。启园是苏州所有园林中唯一一座依山而筑、傍水而建的园林，被称为是“太湖山水第一园林”。20 世纪 90 年代，国家在翁巷滨湖环绕启园的地段投资建设了东山宾馆，此处曾接待过新加坡前总理李光耀、德国前总理施罗德等外宾。2015 年 11 月 26 日，李克强总理在东山宾馆会见了前来参加“第四次中国—中东欧国家领导人会晤”的外国领导人。

实践园

贴一贴

去翁巷村走一走，并把旅游的照片贴在这里吧！

写一写

把旅游的感受分享在这里吧！

读一读

柳毅井

〔清〕吴梅村

仙井辘轳音，原泉泻橘林。
寒添玉女恨，清见柳郎心。
短绠书难到，双鱼信岂沉。
波澜长不起，千尺为情深。

图 2-6-6　柳毅井

做一做

1. 当个小游客，去启园走一走看一看吧！拍下美丽的风景照片，感受家乡的独特风光。

2. 当个小导游，设计一份导游词，为远道而来的游客介绍一下启园吧！

3. 当个小画家，画一画启园的美丽风光吧！

以上三项可以选择一项实践。告诉你个小秘密：和同学合作可以更好地完成实践任务哦！

三、文明遗址

1 古文明遗址（一）

课前热身

图 3-1-1　三山古采石场

东山是一个美丽而古老的地方。很多春秋、秦汉时期的古遗迹分布在东山各处。由于年代久远，有的隐约可辨，有的却难见实物了。

图 3-1- 2　山林古道

图 3-1-3　杨湾更楼

你对古老的东山有了解吗？

上网搜索：	采访他人：	查阅资料：

知识窗

春秋时期，东山为吴越之地。至今，东山仍分布着很多吴越时期的遗迹。

1. 望越台　俗称烟火墩。在翠峰的左边，山的形状就像一块屏风，山顶建有方台，高、宽各3米多。相传是春秋时期吴王为了瞭望越军的动向所筑。

2. 瞭望所　在东山西南部的北望山。相传吴王在这里设置瞭望哨，用来观察越国在太湖中的动向。东山的南望村、北望村就是因此而得名的。如今哨所遗迹已不存。

3. 蔡仙丹灶　在武山之北的凤凰山，相传东汉时期的蔡经在这里炼丹。山上有一块丹灶石，占地一百多平方米。石头上有一个圆穴，半径约0.5米，可以放一个釜鼎。下一圆穴的半径相同，但要高出几倍。以前，武山一带也称蔡仙乡。现在年代久了，丹灶已不复存在了。

4. 干将军教场　在甘山岭下。相传北齐时期，干将军带领士兵在这里操练。岭下原来有一片平旷地，就是教场遗址。近年，百姓们种植了大片橘树，那片空旷的教场也已失去了原样。

实践园

说一说

1. 你能根据下面的图片说说这些景物分别在什么地方吗？

2. 为大家介绍一处家乡的 古文明遗址。

拍一拍

拍一拍东山的古文明遗址。

写一写

东山的许多遗迹正在逐渐消失，作为一名小学生，我们可以做些什么呢？

我的建议：

1. ________________

2. ________________

3. ________________

4. ________________

图 3–1–4　小记者采访

图 3–1–5　红领巾护绿

2 古文明遗址（二）

知识窗（一）

东山镇有江苏省省级森林公园，山中林木枝繁叶茂，绿荫漫山。除了大家熟悉的橘树、枇杷树、杨梅树外，还有其他数不胜数的古树名木。例如，余山岛西湾的榆树已有 1 000 年的树龄，杨湾的香樟树、沙朴树也都有 500 年的树龄了……东山的古井也不可胜数，目前保存完好的古井有 38 口。

图 3-2-1 （王家堂）古银杏

走近古树

最古老的树

图 3-2-2 黄杨

紫金庵的黄杨树树龄约 1 500 年，高 9.4 米，直径 30 厘米，冠幅 8 米。

灵源寺的罗汉松树龄约 1 500 年，高 30 米，直径 1.85 米。

图 3-2-3 罗汉松

实践园（一）

说一说

你还能说出东山的几种古树？

树名：________________

树木特点：________________

____

____

生长在________________

____

树名：________________

树木特点：________________

____

____

生长在________________

____

找一找

图 3-2-4　校园掠影

同学们，我们美丽的校园里栽种着各种各样的花草树木。哪些树木能称得上是古树呢？我们一起去找一找吧！（提醒：小组合作力量大。）

听我说：________________

____

____

____

____

为你找到的古树画幅简笔画吧。

看我画：

想一想

同学们，让我们加入环保志愿者的行列，为保护家乡的古树出一份力吧！请想一想，并写下你的金点子。

1. ______

2. ______

3. ______

4. ______

知识窗（二）

走近古井

最古老的井

图 3-2-5　玉带泉井

目前东山保存完好的古井有梁代灵源寺井、唐代柳毅井、宋代法海寺双井，明代诸公井、玉带泉井、八角井、平盘义井，清代古秦巷公井、绿野井、乡约义井，民国漾桥双井、由义双井、自流井、麦场头双井，等等。

乡约义井在陆杨古道东侧蒋湾和嵩下之间，为清代古井，建有井亭，立有石碑，上刻《乡约义井记》。古井由当地乡贤叶尚德倡议开凿，同时，订立“济于一乡，利于百姓”的乡约，冀望两村村民和谐共享资源。几百年来，两村村民一直守约如初，从没在用水上发生过冲突。

实践园（二）

说一说

我家的井

我家门口有一口井，____

____

____

____

____

____

____

____

____

读一读

家乡的井

在老家院子里，有一口井。它是爷爷奶奶年轻时挖的，听他们说，这井从未干涸。它伴着我的童年，留下了许多美好的回忆……

小时候，我老是在奶奶打水时探头望向井里，里面黑洞洞的，阳光洒下，井水清澈…… “哟，宝贝，别这样，小心一点，井里可是有龙王的，你一直盯着他看，小心他吃了你哟！”奶奶见了，总会这么说。“可我怎么看不见？”

我才不信真的会有井龙王哩！“宝贝，井龙王是神仙，虽然你看不见他，但他能看见你！”“哦！”每次奶奶这么说，我都会若有所思地点点头。从此，我就认为井是个可怕的东西。

那时，我十分喜欢玩水，冬天也玩。奶奶嫌热水会烫着我，冷水要加热又太浪费，于是就吊了一桶井水放在盆里给我玩。“奶奶，热水还没加哩！”“没事儿，井水一年四季都恒温，冬天外面很冷，井水也觉是有点温的。”“真的？”我一脸不信，伸手一摸，哇，暖暖的！我用手轻轻地搅着水，真舒服。“这井水很神奇，夏天很凉，而冬天呢，就像你刚才的感觉一样，有点温。”奶奶徐徐地说着。“真的？”我好奇地问。“那当然！不信，你等到明年夏天试试！”我盼星星，盼月亮，总算盼到了来年夏天。“奶奶，快给我打水！我要试试有多凉快！”我对奶奶说。“嘿，我宝贝记性不错啊！”她一边说，一边麻利地拉着绳，满满一桶水就被她拎了起来……我用手一摸，哇，真凉快！顿时，被太阳“烘烤”的感觉没了，心中只留下一片清凉。“谢谢奶奶！”我甜甜地说，一回头，奶奶正用宠溺的眼神看着我，一旁的爷爷也笑了……

我喜欢这口井，喜欢它那冬暖夏凉，善解人意，为民造福的品质；我爱奶奶，爱她那宠溺的眼神，那上扬的嘴角……

东山实验小学五（1）班 顾蒋添

找一找

唐寅有诗“纶巾布服怀茶饼，卧煮东山悟道泉。”旧时东山有许多名泉，如王鏊题字的丰圻海眼泉，李根源题记的灵源泉，雨花台的萃香泉，法海坞的青、白两泉……课后，我们一起去了解一下东山的古泉吧！

3 古文明遗址（三）

知识窗（一）

寺庙道观知多少

“南朝四百八十寺，多少楼台烟雨中。”东山也是佛教圣地，从南朝时期起，这里有过100多处庙宇。

图 3-3-1　紫金庵（二）

图 3-3-2　轩辕宫（二）

图 3-3-3　雨花禅院

实践园（一）

查一查

东山寺庙的相关知识。

上网搜索：

采访他人：

查阅资料：

知识窗（二）

我们东山曾有许多古名宅，阅读资料了解一下吧！

1. 范蠡宅　相传战国初期，越灭吴后，范蠡隐居于东山翠峰坞，其宅即后来的翠峰寺。另有一说，越地有范蠡故宅，在诸暨长山侧，后为翠峰寺。

2. 郑驸马故居　宋朝驸马都尉郑钊扈从高宗南渡，定居于此，成为东山郑氏鼻祖。其遗址今已不存。

3. 归休斋　元末，东山人叶颙任和靖书院山长。及元亡，乞归，隐居杨湾，在其故居旁筑一室，名归休斋，今已不存。

4. 三卯堂　明朝名士贺廉曾于东山建三卯堂，以志祖孙父子皆以卯年登贤书之瑞。今已废。

实践园（二）

说一说

1. 你能根据右面的图片说说这些地方分别是哪儿吗？

2. 我为大家介绍一处家乡的古名宅。

贴一贴

拍一拍家乡东山的古名宅，并贴在下面。

读一读

1. 保护环境，就是爱惜生命。
2. 兴我中华，爱我东山。爱护家园，人人有责。
3. 爱祖国，护绿化，保清洁，爱家园。
4. 让水更清，让天更蓝，让花更艳，让我们的家乡更美丽。

做一做

我们东山的许多古迹在逐渐消失，作为一名小学生，我们可以做些什么呢？写下你的建议吧！

1. ______________________________

2. ______________________________

3. ______________________________

4. ______________________________

图 3–3–4　护绿行动

图 3–3–5　实践操作

4 古文明遗址（四）

知识窗

走近古园林

东山大族修建住宅一般都会同时修建园林，古时东山的大小园林星罗棋布，著名园林有招隐园、真适园、从适园、集贤圃、缥缈楼、高阳古里、吟坛、湘云阁、芝庭、水云庄、菰芦小隐、壑舟园、桔庄、依绿园、东园、桃源山庄、隐梅乐园、棣园、夏荷园、启园等，但这些园林大多已经破败或消失。现存最著名的园林是民国时期，席启荪在原东园基础上建造的启园。

图 3-4-1　启园（一）

图 3-4-2　启园（二）

图 3-4-3　惠和堂（四）

认识古园林

图 3-4-4　雕花楼（二）

图 3-4-5　启园林荫道

在东山马家底安仁里，有明代夏荷园。该园本名“曲溪”，取“曲水流觞”之意，匾额“曲溪”两字为文徵明书，今已失。园中有嘉树幽岩、荷沼亭榭之胜，现溪流摒诸垣外，唯泉石参差，旧迹可寻。该园现为江苏吴中集团所用。

陆巷寒谷山上的寒谷公园内，有仙人石等古迹，原已荒颓，20 世纪 80 年代末重修，将原在灵源寺的王鏊所建之“可月堂”和其侄王雪在从适园中的“静观楼”按原样建于园内，以重现东山“寒山落照”的景色。

进入 21 世纪后，许多人在东山建宅造园，著名的有蔡廷辉在槎湾所建的“醉石山庄”，这是一座遍布篆刻作品的黄石园林。另外，较有名的还有台湾商人在岱心湾建造的商业会馆“岱湖山庄”。

实践园

读一读

1. 江南园林甲天下，苏州园林甲江南。
2. 清风明月本无价，近水远山皆有情。（沧浪亭楹联）
3. 鸥鸟群嬉，不触不惊；菡萏成列，若将若迎。（宋·蒋堂《北池赋并序》）
4. 一径抱幽山，居然城市间。（宋·苏舜钦《沧浪亭》）
5. 君到姑苏见，人家尽枕河。故宫闲地少，水港小桥多。（唐·杜荀鹤《送人游吴》）
6. 塔从林外出，山向寺中藏。（宋·汤仲友《虎山》）
7. 江山如有待，花柳更无私。（拙政园与谁同坐轩联）（唐·杜甫《后游》）

8. 居士高踪何处寻，居然城市有山林。（清·王赓言《游狮子林》）

9. 人道我居城市里，我疑身在万山中。（元·谭维则《狮子林即景》）

10. 谁谓今日非昔日，端知城市有山林。（清·乾隆《狮子林得句》）

11. 闲寻诗册应多味，得意鱼鸟来相亲。（拙政园绣绮亭旧联）

12. 绝怜人境无车马，信有山林在市城。（明·文徵明《拙政园图咏·若墅堂》）

写一写

读了那么多赞美园林的名句，你一定也诗兴大发吧！你也来试着写一两句，赞美家乡东山的园林吧！

图 3-4-6　雕花楼后花园

说一说

读读关于北京园林的介绍，说说北京园林和东山园林各有什么特点 。

北京的园林

北京是一座历史悠久的名城，她的名胜古迹在世界上享有盛誉。因为是金、元、明、清古都的缘故，历代建筑师们博采各地园林之长，因地制宜，使北京的园林各具特色，和谐优美。北京的园林建筑在细微之处见匠心。一段曲廊、一丛阶边小草、一组精妙的雕刻，对烘托气氛无不起着关键的作用。例如，颐和园中的长廊，有 752 米长，分成十几段。每段房梁上都有油漆彩绘，或山，或水，或人，或物，或历史故事，或神话传说，竟无一相同。一幅“嫦娥奔月”，人物形象栩栩如生，颇有“吴带当风”的味道，耐人寻味。

北京园林建筑的色彩大多是金黄或红，色彩明丽。有时，万绿丛中一道飞檐，黄绿相间，相映成趣。大多数宫殿都铺着琉璃瓦，立着大红色的柱梁，十分庄重。当然，也有例外，潭柘寺的大殿都是由灰色方砖铺地，墙壁灰暗，同周围的景色浑然一体。“苔痕上阶绿，草色入帘青。”古朴淡雅，别具风采。

北京周围的山水既有北方的粗犷，又有南方的秀丽，这正是建造园林的好地方。在依山傍水之处，建一座庙宇，半山腰修一座亭子，湖中建一座水榭。这时，可极少讲究对称，但色彩却需搭配协调，山上的亭子要用金黄和大红的彩绘，水榭要灰暗些，庙宇要红墙绿瓦，显得庄严、肃穆。

这只是我对北京园林的粗浅介绍，若想真正领略其中的妙处，还是请您亲自来游览吧。

四、东山风貌

1 现代东山风貌

知识窗

东山镇是典型的江南古镇。自古以来，东山以其独特的地理位置、秀美的湖光山色、丰富的物产，以及众多的名胜古迹、珍贵文物，赢得无数人的赞誉。

鸟瞰东山全貌

图 4-1-1　环山路（一）

古镇东山历史悠久。凭借依山傍水的有利条件，和本地人民的勤劳智慧，东山经济正在不断发展，千年古镇正焕发着新的活力。

观赏东山新颜

图 4-1-2　环山路（二）

图 4-1-3　环太湖大道

图 4-1-4　渔舟唱晚

图 4-1-5　春季采茶

图 4-1-6　东山开发区

图 4-1-7　茶文化博物馆

图 4-1-8　东山实验小学

听妈妈讲那过去的事情

2015 年 9 月，东山实验小学的学生搬进了坐落在开发区的新校。看着气派的教学楼，看着由家长开着各式车辆接送的学生，妈妈不禁感叹道："上这么好的学校，上下学还有车接送呢！儿子，你们这一代人可真幸福啊！"听妈妈说，她小时候，学校可没那么气派，教室都是很破的旧房子。因为家住在后山，妈妈每天都得和小伙伴们翻山越岭去上学，早晨她早早起来翻过二十四湾到学校，放学又翻山越岭回去，到家时往往已经天黑了。

实践园

说一说

你还知道东山有哪些新变化呢？

憧憬东山蓝图

李明同学了解到家乡东山的新变化后，感到非常自豪，他特地为家乡东山画了一幅主题为“心中的家乡”的画。同学们，你心中的家乡东山是什么样的呢？拿起你手中的七彩画笔画一画吧！画好了，可以给同学们展示一下哟！

图 4-1-9　学生作品

画一画

2 洞庭四季美景

知识窗（一）

洞庭初春

春姑娘来了，我们去找春天吧！同学们准备好了吗？

雨水一过，东山的初春还带着寒意，路边溪边、山腰岭顶的石垒球花便几朵几丛，成簇成丛地开放。石垒球的花瓣多为五瓣，像天际的星星漫山遍野，那一团团粉红，一束束明黄，让人感受到春天来了。山林也渐渐醒来，整片整片的嫩绿给大地换上了新装。

石垒球花一开，野蔷薇也来了，洁白如雪，一片一片。这种带刺的花朵舒展着枝条，向外延伸，向外攀缘，枝条越长，花头越多，节节开放，纯洁无瑕。用不了多时，黄栀子便鼓着花蕾，如芙蓉出水，节节攀高，尽情绽放。五颜六色的山花都从每个角落钻出来了。这时，桃花的花蕾也在春日的阳光里渐渐盛开，那是粉红的世界，整个山岭变得更加灿烂。

图 4-2-1　黄栀子

图 4-2-2　油菜花

图 4-2-3　野蔷薇

春天来了，和煦的春风吹过莫厘峰，整座山峰就像绿色的海洋，美丽极了。几场春雨，唤醒了正在沉睡的茶苗，小茶苗慢慢地探出了脑袋。放眼望去，漫山的茶树犹如一排排列队的士兵，昂首挺胸占据着整个山坡，嫩绿吐舌的新芽儿，一片挨着一片，不留一点儿缝隙。那浓淡相宜的绿色，看着真叫人舒服！勤劳的茶农又进入了一年中最忙碌的季节。

图 4-2-4　春日采茶

太湖夏日

碧螺春茶的清香还飘袅于山间，浪漫的夏日便悄悄来临了。立夏前后，山坡上的橘花开了，稠密的白色橘花，散发着阵阵清香，花蕊中有一个嫩绿的小点，花一谢，绿点就慢慢长大，到秋收的时候便是红通通、黄澄澄、沉甸甸挂满枝头的果实。进入小满，东山的白沙枇杷便渐渐成熟，恰如谚语云：“小满枇杷半坡黄”。随后，杨梅也进入了收获时节，“夏至杨梅满山红”，枇杷、杨梅，一黄一红挂满东山的每一个山坡。

夏日，紫藤花也吹着喇叭盛开；紫色的花朵沿着围墙和木棚往上爬，爬过围墙将身子挂在外面，像紫色流星，墙头瀑布。傍晚时分，站在莫厘峰的芙蓉峰岭，远眺“三万六千顷”太湖，湖面似镜，青山如黛，点点渔帆隐现于烟波浩渺间。夕阳的余晖穿透云层铺展开来，金色光芒将天边染红，水面呈现出赤橙青灰蓝紫等光彩。天上的云朵倒映在水面上，像是深深浅浅的墨色中又渗透出绿的色块，风不吹、云不飘、水不动，湖面似乎凝固了，如同铺开一幅莫奈的《睡莲》。

荡舟太湖，吃着“太湖三白”，赏着无限风光，好不凉爽、好不惬意啊！

图 4-2-5　莲花盛放

图 4-2-6　紫藤垂挂

图 4-2-7　太湖落日

图 4-2-8　乌紫杨梅

洞庭秋色

一叶知秋，莫厘峰慈云庵的银杏叶黄了，硕果累累的秋天到了！

洞庭山自东北向西南逶迤延伸，远远近近的山冈上乔树灌丛高低错落，茶果花木层层叠叠，整座山生机勃勃。夏末的杨梅、枇杷、桃子、梨子、杏子谢幕后，秋天的板栗、石榴、柿子、白果赶趟儿登场，它们用赭、红、黄、白的颜色描绘着秋天。接着，洞庭橘又在深沉、苍茫的绿色中露出红扑扑的笑脸，秋天的东山色彩斑斓。

秋高气爽，正是登高好时辰。莫厘峰上慈云庵黄色的琉璃瓦在阳光下闪出金色的光，漫山的银杏沉甸甸地挂满了枝头，金果采摘后新霜初打，叶染金色，似翩翩黄蝴蝶飞舞，然后飘然落地。半山坡的丛林中夹杂了一些枫树，黛绿和金黄中又有了绛红的渲染和浸润。微风中飘来桂花含蓄的芳香，直入肺腑，久久不散。极目远望，太湖如一匹锦缎向天际铺开，点点帆影像蓝天上缓缓飘动的白云，静静地在水面滑行。

实践园（一）

画一画

秋风起，蟹脚痒。果园里橘子黄了，柿子红了，石榴咧嘴笑了，丹桂飘香了……让我们踏着秋的脚步，去寻找家乡的美景吧！

美丽的秋色

丰收的喜景

走一走

秋日层林尽染，课后去遍植银杏的地方走一走，可以用美丽的银杏叶做个书签或者剪贴画哦！

图 4-2-9　丰收

东山是著名的银杏之乡。走进东山镇，道路两旁、宅前屋后，到处可见高大的银杏树。每到深秋，墙头边、瓦房上、小溪旁……一片片金黄色的银杏叶，犹如一串串金色风铃挂满树梢，沙沙作响，摇曳生姿。一阵秋风吹过，金黄的叶子纷纷扬扬地从树上飘落下来，宛如无数只金色的蝴蝶漫天飞舞。那满地金黄的银杏树叶，灿烂无比，如同给大地铺了一层松软的地毯，把大地装扮得格外亮丽。深秋的东山，是银杏的世界。

知识窗（二）

莫厘冬韵

东山四季分明，每到冬日银装素裹，分外妖娆，故东山十景中有“厘峰积雪”一景。

下雪天，是小孩子的节日，堆雪人、打雪仗，在雪地上打个滚儿，掰一块屋檐下的冰凌塞进嘴里……或许大家都有这样的童年记忆。

大人们忙碌起来，家家户户都忙着打扫门前和街道上的积雪。农民们穿上既防滑又保暖的蒲鞋“咯吱咯吱”地走向劳动场所。田地、鱼塘都要照料，果农茶农要清除枝杈上的积雪，免得把枝条压断。老奶奶拿起笤帚，细心地将缸盖、井盖和青石条表面的一层雪扫进瓷罐里去。雪水是用来烹茶的，光是想想就让人感受到了碧色茶汤的清冽。

图 4-2-10　傲雪红梅

江南水乡留不住雪，只有在沿太湖的山村，才能见到皑皑白雪挂满山头，这时候踏雪探梅成为人们的最爱。

图 4-2-11　雨花雪景

实践园（二）

赞一赞

南国惊现千里冰封的奇景，做个小诗人来赞一赞吧！

2016 年 1 月，东山出现了零下 8 度的持续低温，实属罕见，大自然不仅带给东山人考验，也带给了东山人百年难得一见的冰凌奇景。让我们一起来看看大自然的鬼斧神工吧！

图 4-2-12　太湖冰封（一）

图 4-2-13　太湖冰封（二）

图 4-2-14　太湖冰封（三）

五、民俗风情

1 东山台阁与莫厘峰庙会

知识窗（一）

追溯台阁历史

台阁的起源

台阁，又名抬阁，即抬在肩上的戏台，是流动在大街上的戏码，它是一种以高空杂技表演为主的古老技艺，以孩童表演民间喜闻乐见的戏剧故事为主。

台阁的形成

东山台阁起源于宋代，盛行于清代康熙年间，是吴中民间艺术的瑰宝。南宋王朝由中原南迁杭州，途经太湖时，部分官宦家眷移居太湖东山“官庄”，带来了台阁等中原文化表演艺术，由此开创了东山台阁的近千年历史。

台阁的兴盛

清朝初期，台阁在东山盛行起来，并初步形成地方特色。旧时，每到清明前后，村村都要出一次台阁，俗称“三月会”，以祈祷风调雨顺、五谷丰登。

图 5-1-1　东山台阁（一）

图 5-1-2　东山台阁（二）

再现台阁表演

图 5-1-3　东山台阁（三）

东山台阁均由孩童在高空表演，编导们匠心独具，都在道具上下功夫、找诀窍、创特色（俗称“出彩”），力求雅而不俗，惊而无险，极受人们喜爱。每只台阁都是个微型戏台。小演员临风玉立，造型精美，看似惊险，实则无碍。演员飘然自若之态，往往让人惊叹叫绝。每逢出台阁时，东山数里长街盛况空前，蔚为壮观。

图 5-1-4　东山台阁（四）

经典台阁

《水漫金山》

《水漫金山》表演者 3 人，俗称“三跷翘”。下边法海老僧盘膝而坐，手扶龙头禅杖。禅杖上站着白娘娘，手拿着桨，最上面的小青踏在桨上。构思奇巧，动作惊险，令人叫绝，被誉为“荡空台阁”，常常让观众叹为观止。

图 5-1-5　台阁表演《水漫金山》

图 5-1-6 《武松打店》

《武松打店》

《武松打店》又叫“十字坡”。下边武松一腿跪着，一脚踏在酒甏上，左手叉腰，右手举着铁手枷；上边孙二娘脚踏在手枷上，背插钢刀，两手叉腰，生动别致。

实践园（一）

台阁知多少

东山有近百只台阁，精美别致。你知道的戏码有多少呢？让我们分组调查吧！（提示：先在小组里交流，然后可以选择搜集的图片、文字资料粘贴在此。）

拍一拍

知识窗（二）

莫厘峰庙会

每年的农历六月十八下午，东山莫厘峰庙会就开始了。朝山进香的队伍开始攀登东山顶峰，山道上行人成群结队，络绎不绝。高峰期集中在晚上 8 点后，晚饭后村民陆续往山上走，一边欣赏风景，一边缓缓前行。当地的特色表演秧歌队、扇舞队等也在道路的一些中转点上进行演出。山顶上，围墙内外都挤满了人，村里老人们唱着乡土气息浓郁的歌谣，中年妇女则跳起了时尚的健身操。山脚下，旗幡招展、锣鼓喧天；山顶上，人们通宵达旦，唱歌跳舞，焚香祭祀，祈求幸福。

图 5-1-7　舞龙

图 5-1-8　腰鼓

图 5-1-9　秧歌

图 5-1-10　吃会饭

东山莫厘峰庙会的由来

据传，农历六月十九是观世音菩萨成道日。每到这一日，除东山本地人外，苏州、上海等各地的香客和游客，也会集中在莫厘峰朝拜观世音菩萨，祈求幸福，久而久之，就形成了庙会。

图 5-1-11　赶庙会（一）

图 5-1-12　赶庙会（二）

实践园（二）

说一说

分小组搜集有关莫厘峰庙会的资料，包括其由来、特点、过程、民俗等，并把搜集到的资料整理好，向大家介绍一下。

庙会的由来：

庙会的特点：

庙会的过程：

庙会民俗：

我还知道：

写一写

参与庙会实践活动，可以和家人朋友谈谈自己的感受，也可以用日记的形式把庙会活动记录下来。

2 东山划拳

课前热身

你身边有划拳高手吗？给大家介绍介绍！

你会划拳吗？能不能给大家露一手？

你看到过东山人划拳喝酒吗？还记得是什么时候，什么场合吗？

图 5-2-1　东山酒文化——划拳

知识窗

划拳，也称豁拳，是两人伸出手指猜指数、喊口令（吉祥话）的一种娱乐形式，如果两人同时伸出一只手的 1 ～ 5 个指头来喊口令，一方喊出的口令正好是双方伸出指头的总数，那么这一方就获胜，输的一方喝酒受罚。

东山人家婚宴划拳规则

东山人平时喝酒都爱划拳，只要双方有意，随时随地都可以进行。但是东山人家婚宴日划拳是有规则的：

1. 要酒过三巡，上完三道主菜，由主桌代表和正席各桌宾客商议后才可以发令划拳。

2. 在划拳之前先谈妥喝多少酒，然后在酒盅中斟满酒，有的还在拳台中间放上大钵，两边依次为大碗、中碗、小碗、大盅、小盅等，似一座高低起伏的桥梁，俗称“酒桥”。

3. 由主桌做东，然后再挨桌派划拳手与主桌比划拳。

4. 主桌做东划拳结束，再按桌子次序轮流做东。

划拳口令

一定恭喜　俩相好
三星照　四季发财
五魁首　六六顺
七巧度　八仙庆
九郎才　全家福

划拳时喊的口令，内容都取吉利之意。每一个口令表示一个指数。如：

三星照：表示指数 3，意思是企盼“福星”“禄星”“寿星”高照。

五魁首：表示指数 5，指古人苦读《诗》《书》《易》《礼》《春秋》五种经籍著作，以求功名，夺得魁首。

东山人划拳时还讲究功、势、声、步等多种套路。了解一下，同长辈划拳时要注意些什么，开始划拳时为什么都要喊一声“全福”。

实践园

试一试

划拳时，你猜对方伸出 3 个手指头，你应该伸出几个手指头，喊出什么口令呢？

划拳时，你猜对方伸拳头，不伸手指头，你应该伸出几个手指头，喊出什么口令呢？

划拳时，我喊出“一定恭喜”的同时，伸出了2个手指头，可以吗？

我发现：

写一写

除了划拳，东山还有哪些民间习俗呢？

3 东山渔俗

课前热身

你知道太湖东山渔民，与陆地定居农民的习俗有什么不同吗？

图 5-3-1　渔民捕鱼

图 5-3-2　农民晒菜

知识窗

今天，我要跟着同学去太湖渔家做客，我该注意什么呢？

图 5-3-3　渔民生活

渔民终年与风和水打交道，触礁翻船的事故时有发生。一旦遇险，渔民会在桅杆上挂饭箩或醒目的物件发出求救信号，其他渔船看见后会全力相救。但在风急浪高而又辽阔的湖面上，过往渔船甚少，过去翻船溺水的事故屡见不鲜，因而在渔船上忌讳与“翻”“沉”有关的行为和语言。

渔船禁忌

渔船上行为和语言的忌讳：

1. 在船上掀锅盖，不能翻过来放。
2. 在船上揭舱板，不能翻过来放。
3. 在船上晒鱼筐，不能翻过来放。
4. 在船上晾竹篮，不能翻过来放。

………

在船上不要说与“翻”“下”等谐音的话语。

渔民吃鱼有种种规矩和忌讳。吃鱼时，鱼不能翻身，不能挪动鱼碗。吃完后不能将筷子搁在碗上，要轻扔在舱板上，最好滑动一下，表示顺风顺水。

图 5-3-4　捕鱼归来

渔船美食

这是用刚捕回来的新鲜太湖水产做成的原汁原味的渔家小菜哦！

图 5-3-5　湖虾

图 5-3-6　穿条鱼

图 5-3-7　鲫鱼豆腐汤

图 5-3-8　梅鲚鱼

实践园

写一写

你还知道哪些渔家习俗呢？请写下来。

1. ______

2. ______

3. ______

4. ______

太湖渔歌为什么很难听到了？同学们，课后做个小调查吧，把你的收获记下来。

4 东山婚俗

知识窗

中国幅员辽阔，每个地方的习俗都各不相同，婚俗也各有特色。你知道家乡东山的婚俗吗？让我们一起去了解一下吧！

婚俗历史知多少

东山的婚俗由宋室南迁时带来的中原文化习俗演化而来的。“东山婚俗”于2009年4月被列为吴中区非物质文化遗产。

图 5-4-1 结亲

婚俗知识

你知道东山婚俗包括哪些内容吗？

定亲 → 婚娶 → 迎亲 → 结亲

脑洞大开

图 5-4-2　茶

你知道，为什么定亲时要送茶叶吗？是不是东山盛产碧螺春茶叶的缘故呢？（答案请见“锦囊袋”）

你知道，为什么女儿一出门，母亲要马上把一脸盆水泼出去呢？（答案请见“锦囊袋”）

图 5-4-3　迎亲

迎亲习俗

迎亲又称“讨新娘子”，在婚事的第三天，男方抬好“行嫁”后，请太湖丝竹队（现大多为军乐队）、媒人、朋友和新郎一起到女家“讨亲”。一般在离新娘家百米远时放十个爆竹，然后开始鼓乐齐鸣。这时女方突然把前大门紧闭，待迎亲队伍在大门前三吹三打后才开门，称“三吹三打迎新娘”（出自刘备三请诸葛亮的典故）。新娘出门告别父母及亲眷时，要哭泣，称“哭亲”，表示将要离开父母的不舍。待女儿一出门，母亲马上把一脸盆水泼出去。

实践园

婚俗照片我来秀

作为一个土生土长的东山人，你一定参加过不少东山的婚礼，留下过很多关于婚俗的照片吧？给同学们展示一下吧，可以让同学们猜猜照片拍的是婚礼的哪个习俗。

锦囊袋

锦囊妙计 1：因为过去茶树是不能移植的，“授茶”仪式取的是婚姻不变、婚姻稳定的吉祥意义。

锦囊妙计 2：迎亲时，待女儿一出门，母亲马上把一脸盆水泼出去，称“嫁出女儿泼出水”，这是希望女儿嫁到男方家后，能过上幸福安定的日子，再也不要“吃回头草”。

5 东山的方言和民谣

知识窗（一）

我们的方言

方言的特色

旧时，东山离县治较远，中间又有山水相隔，交通不便，虽在吴境，但其方言与吴侬软语仍有一定的差别。东山方言口音较硬，粗犷、直爽，少了些吴侬软语的甜糯。具有浓郁的地方色彩，被称为“山浪闲话”。

你知道这些东山方言表达什么含义吗？读一读，连一连。

考考小东山

“狭呢”	我们
“俚”	他或她
“倷”	你
“俚笃”	他们或她们
“嗯”	我
“嗯自家”	我自己
“裁家”	大家

你知道这些称谓指的都是你的哪些长辈吗？跟你的同桌说一说。

有趣的称谓

太公	太太	公公	好婆
爹爹	嗯妈	娘娘	亲爹
亲妈	娘舅	大老	妹子

图 5–5–1　家人团聚

民俗风情

实践园（一）

你能用东山话说说图片中的事物吗？不会的可以问问自己的长辈哦！

图 5-5-2 “小囡嗯”

图 5-5-3 “小丫头”

图 5-5-4 “忽显”

图 5-5-5 “湖胶”

图 5-5-6 “团”

图 5-5-7 “鞧”

图 5-5-8 “蛳螺”

图 5-5-9 “百脚”

图 5-5-10 “北瓜”

图 5-5-11 “哈”

知识窗（二）

东山的民谣

东山民谣

在生产劳动中，为了解除疲劳，调节精神，东山农户会即兴发挥，哼唱一些山歌小调，逐步就形成了有东山地方特色的民间歌谣。进入现代社会后，东山的民间歌谣逐渐衰亡。

欣赏会

听一听我们东山的民谣《三山岛》《水天堂》《一只山歌乱说多》等，跟着唱一唱。

图 5-5-12　东山湖景

实践园（二）

访一访

请你采访自己的长辈，搜集一些东山的民谣，写下来。

我搜集的东山民谣

唱一唱

分小组一起编一些动作，唱一唱这些有趣的民谣吧！

摇摇摇，小宝宝

摇摇摇，小宝宝，摇倷到昆山水磨桥。水磨桥浪人勿少，挤落一个姑娘水里掉，救命救命拼命叫。摇船公公力气好，一把抓住姑娘腰，一拉拉上小船梢。问声姑娘洛里人？百家湾里第三凹，门前有棵大榆树，门后有条小石桥，还有竹园萧勒萧，斫根竹头送拨倷，让倷摇船公公好做篙。

年公公（东山孩童对月亮的称呼）

年公公，啊里来？脚踏莲花海里来。带点啥末事来？带点铜鼓砌钹来。敲敲看，咚咚哐，砌砌哐。

虫名十二月山歌

正月梅花阵阵香，螳螂叫船游春场，蜻蜓相帮来摇橹，蚱蜢掮篙当头撑。

二月杏花处处开，蜜蜂开起茶馆来，梁山伯忙着冲开水，柜上坐着祝英台。

三月桃花朵朵红，来个茶客石胡蜂，接力黄谈起家常事，蝼蛄有病怕吹风。

四月蔷薇满墙开，蚕宝宝上山做茧哉，苍蝇困觉明朝会，蚊子夜里上市来。

五月石榴红彤彤，花蝴蝶躲勒花当中，杨师太一叫活吓杀，吓得地鳖虫动也勿敢动。

六月荷花结成莲，织布娘登勒房里哭青天，吉蛉子细声来相劝，叫哥哥常蹲勒姐身边。

七月凤仙靠壁开，壁虎沿墙游进来，萤火虫提灯前头照，吓得田鸡跳起来。

八月金秋木樨香，蟋蟀夜夜偷婆娘，拨勒廊檐头蜘蛛来看见，结识个相好是纺织娘。

九月重阳菊花黄，带兵打仗有蚂蟥，背包蛐蜒来督阵，千万蚂蚁尽阵亡。

十月芙蓉应小春，青壳田螺夜夜动坏脑筋，金钱乌龟拉皮条，香油虫出仔臭名声。

十一月茶花开，红头百脚摆擂台，蛤蟆有点勿服气，灰骆驼卜笃跳上来。

十二月蜡梅黄，跳蚤居然开典当，瘪虱强横做仔臭朝奉，老白虱上来当件破衣裳。

吴中区东山镇地方文化丛书

金惠华 总主编

美丽东山我的家

MEILI DONGSHAN WO DE JIA

第三册

夏冠军 主编

苏州大学出版社
Soochow University Press

图书在版编目(CIP)数据

美丽东山我的家. 第三册 / 夏冠军主编. —苏州:
苏州大学出版社,2019. 5
(吴中区东山镇地方文化丛书 / 金惠华总主编)
ISBN 978-7-5672-2786-6

Ⅰ. ①美… Ⅱ. ①夏… Ⅲ. ①苏州 - 概况 - 初中 - 乡
土教材 Ⅳ. ①G634. 591

中国版本图书馆 CIP 数据核字(2019)第 073099 号

美丽东山我的家(第三册)
夏冠军 主编
责任编辑 李寿春
助理编辑 杨宇笛

苏州大学出版社出版发行
苏州工业园区美柯乐制版印务有限责任公司印装
苏州工业园区东兴路 7-1 号 邮编：215021

开本 718mm×1 000mm 1/16 印张 23. 25(共 4 册) 字数 393 千
2019 年 5 月第 1 版 2019 年 5 月第 1 次印刷
ISBN 978-7-5672-2786-6 定价:90. 00 元(共 4 册)

苏州大学版图书若有印装错误,本社负责调换
苏州大学出版社营销部 电话:0512-67481020
苏州大学出版社网址 http://www. sudapress. com
苏州大学出版社邮箱 sdcbs@ suda. edu. cn

《吴中区东山镇地方文化丛书》

编委会

主　　任：徐雪棣　唐峥嵘　王雪峰
副 主 任：吾永康　张　炜　马群霞
委　　员：金惠华　沈艳芳　席时超　金本福　张　飞
金曦东　夏冠军　吴金根　金林海　翁永明

编委会办公室

主　　任：马群霞
副 主 任：金惠华　沈艳芳
成　　员：金本福　金　煜　张金如　张玉军　许学田

统　　稿：金本福　薛利华　叶新民
特约编审：高本大
摄　　影：计龙根　席时超
封面题字：金中浩

丛书总主编：金惠华
本书主编：夏冠军
副 主 编：张金如
编写人员：姚建江　张炎石　胡晓蕾　徐冬敏

序　言

东山，山环水绕，山清水秀。她，既有江南水乡的温柔，又有山区峰林的俊秀；她，集太湖山水的灵气与吴文化的神韵于一体……她所孕育的丰富的人文胜境、杰出的古今人物、精细富缛（rù）的明清建筑、远近闻名的鱼虾茶果等均享誉大江南北。

历经多年的发展，东山已成为名副其实的“中国历史文化名镇”“国家5A级旅游景区”“全国环境优美镇”“国家卫生镇”“中国碧螺春之乡”……

40年间，聪明勤劳的东山人持续传承地方优秀文化，不断奏响“立镇、兴镇、强镇”的新乐章。特别是党的十九大以来，东山人更是不忘初心、砥砺前行，在方方面面贡献出自己的力量。东山，正日益呈现其绚丽多彩的新姿态。

怀着让我们的后代更好地“知东山、识东山、爱东山、为东山”的愿望，我们专门组织东山镇历史文化研究会、东山中学、莫厘中学、东山实验小学、东山中心小学、东山镇社区教育中心，共同编写了这套《美丽东山我的家》地方文化丛书。

本套丛书共分四册。第一册基于“风景名胜、特色物产”，适用范围以小学1~3年级学生为主；第二册基于“古镇古村、民俗风情”，适用范围以小学4~6年级学生为主；第三册基于“名门望族、名人轶事”，适用范围以初中学生为主；第四册基于“传统工艺、大美东山”，适用范围以高中学生为主。

本套丛书，以全面的视角、翔实的素材、精练的语言，力图呈现一个历史悠久、风光秀丽、文化积淀深厚的东山。书稿图文并茂、语言通俗，力图使全镇中小学生都能按系列、有系统地学习地方文化。通过“边读边行”，使学生知乡、爱乡，长大为家乡东山增光添彩……

编　者

2018 年 10 月

目录

CONTENTS

1 家训传家

本课导学

从春秋至清末，共有37支名门望族定居东山，与当地人融为一体，成为开发东山的主力军。翁、席、刘、严、金、朱、陆、叶八大望族为其中的典型，这些家族皆以姓氏、血脉为核心，以耕读传家为宗旨，共同营造了一个社会安定、家业昌盛、子孙兴旺的理想天地。几乎每个家族都有族规家训，以诗书传家，传承乐善好施之举。东山大族的宗谱、族规、家训，归纳起来有修身、治家、睦亲、处世、教子、勉学、就业、交友8个方面。

说说你所知道的东山望族的家训家规有哪些。

家训传家多俊才

东山“穷阁老”，家风永流传

莫厘王氏家族于南宋时期迁至苏州东山，至今已经有七八百年的历史。莫厘王氏家谱作为一部完整的修身齐家范本，记载着整个家族的风雨变迁。明朝弘治九年（1496），大学士王鏊辑成首部《王氏家谱》，经其后人6次续修，王氏宗族的历史和莫厘王氏的家风家训得以完整记载和传承。

一、好学重礼，勤俭忠厚

“好学重礼，勤俭忠厚”是王氏家族几百年来传承的家风。从明朝大学士到现代院士、教授……王氏后人凡事业有成者，都从小受到家风熏陶。勤学不辍是他们能够成功的基础；勤俭持家亦被作为美德记载在册；待人忠厚、助人为乐、急人所急也是这个家族的传统。《莫厘王氏家谱续集》卷15《仁德公家史》中就有相关记载。“我父仁德，字佐才，三岁丧母，自小由父亲带大，教以为人处世之道：事亲当孝，兄友弟恭，邻里和睦；务农不误节气；经商童叟无欺；受雇于人，要忠心尽责；用人要待之宽厚；为医要有割股之心……”

二、以先人为楷模，勤奋好学

这是莫厘王氏家族家规的特色。因为族中曾出过名臣，后人就一直教育孩子从小要像先人一样好学，长大才能做大事。在中国民主促进会中央宣传部编，于1987年12月出版的《王绍鏊纪念集》中记载：“……吴江同里王家相传是明代大学士王鏊的后裔。王绍鏊出生时取名绍鏊，意即继承先祖王鏊之业，后取字恪成（后改却尘），也是继承先祖文恪公（王鏊）的意思……”直到现在还有家长给孩子取名民鏊、彦鏊……这意味着长辈们希望孩子以先人为学习的榜样。

又如当年生活在松江小县城的王谷初，是莫厘王氏松江祚椿支第二十五世孙。他是家中独子且四岁丧父，幼年靠母亲做针线活抚养，家境贫寒。成婚后谷初夫妇宁愿自己辛苦，也不让孩子停止学业，他们经常教育子女说，我们老祖宗王鏊是个才子，官至大学士，作为莫厘王氏的子孙应该把书读好……

三、勤政爱民，以俭养廉

在历史上，从王鏊到王颂蔚，莫厘王氏出了不少勤政爱民、以俭养廉的清官。苏州沧浪亭“五百名贤祠”内就奉祀着王鏊、王禹声、王永熙等多位先贤。王鏊官至明朝文渊阁大学士，居宰相之位，却清正廉洁，全无积蓄，被人称为“天下穷阁老”。王永熙是明末贤士，为人真诚厚道，为官不求显达，自小孝敬父母，友爱兄长；平时好施舍且急人所急，亲戚、邻居有困难的，他都慷慨赞助。另外，王氏家族还有不少“俭以自奉，厚以待人”者，如王金增等热衷慈善，捐建义塾。

王鏊家族世代是书香门第，好学风气代代相传，所以王家人才辈出，王鏊的第十三世孙王颂蔚、王谢长达夫妇是很好的典范。王颂蔚，清光绪六年(1880)进士。他年轻时拜潘祖荫、翁同龢为老师，曾应冯中允聘修郡志，与叶鞠裳、管季申一同为常熟瞿氏校订《铁琴铜剑楼书目》，又撰《周礼义疏》及《明史考证捃逸》。

王谢长达是著名的苏州振华女中创始人，1917年王颂蔚三女儿王季玉从美国留学归来，继承母业，担任校长，把终身都献给了教育事业。振华女中（后更名振华中学）培养了著名物理学家何泽慧、何怡贞、胡淑琴，医学和妇产专家王淑贞、沈骥英、顾乃勤，农学专家沈骊英，建筑专家顾添籁，作家杨绛、彭子冈，翻译家严维民，社会学家费孝通等英才。

王颂蔚、王谢长达夫妇有四子五女，二十九名孙儿女，二十四名曾孙曾外孙，他们大多大学毕业，很多为教授级人才。在中科院四名东山籍院士中，有三位是王家人。另外，与王家有姻亲关系的中科院院士还有三人，这样的家族恐怕在全国也是很少见的。

议一议

联系东山王氏家训及王家辉煌业绩，谈谈王氏家风家训中的哪些方面值得我们学习。

金锡之与“江南第一楼”东山雕花楼

苏州东山有一座雕花楼，因其雕刻精美、结构奇巧，被称为“江南第一楼”。它的主人就是民国时期赫赫有名的“棉纱大王”金锡之。

金锡之，名基应，东山施巷村人，幼年在家乡读私塾，少年时为了生计，弃学经商，去上海浦东川沙县典当行当学徒，后入洋行当跑街。因为虚心好学，锡之在上海一度出任日商交易所理事长。但是他看不惯洋人的傲慢自大，同时为状元实业家张謇“实业救国”的爱国精神所感动。到了民国初年，他开始自立门户，创办了公茂纱号。虽然外商在上海处于垄断地位，并且不断排挤当时中国的民族资本家，但是锡之顶住了压力，生意越做越大。不久便分设东、南、西、北四家公茂商号，分别经营棉花、棉纱、棉布和美孚石油。多年的奋斗，使他赢得了同行的认可和尊敬，金锡之一度被推举为上海纱业公会会长。在其事业的巅峰时期，据说金锡之的家财有百万贯，商界称之为“金百万”。

由于锡之和弟弟常年在上海经商，无暇亲自照顾在老家的母亲。为了奉养母亲，锡之特将上海江西路“汉茂顿”一幢三层楼住宅以十七万银圆售出。随后以此款在东山施巷桥边，金家老宅东侧置地建造春在楼。当时锡之花重金聘请香山帮著名匠人陈桂芳设计，雇用250多名工匠，历时三年才得以竣工，这就是今天的雕花楼。在这座富丽堂皇的大楼内，有一厅名为“厚德堂”，取自家训“厚德载物”，体现了金锡之在几十年商海沉浮中所秉承的为人处事原则，这种处事风格一直影响着金家后世的子孙们。

金锡之虽有家财百万贯，但是个人生活简朴，不喜铺张浪费，平时总身穿普通布料长衫。出门都是步行或搭公交车，从来不雇包车。而对地方公益事业，他却积极倡导，热心参与，慷慨解囊。当时东山流行疟疾，传统中医无法及时医治，锡之听说此事后，便在金家老屋创立东山时疫医院，自聘西医，给乡亲治病医药等费用全免，挽救了许多当地百姓的生命。不久旅沪同乡会在家乡创办保安医院，锡之又捐献了几十种当时先进的医疗器材。20世纪40年代，东山无业游民渐多，缺衣少食，锡之又出资购买冬天寒衣，免费发放。为了让大家自习技艺，锡之还创办了东山习艺所，帮助他们渡过难关。

日军大举侵华后占领上海，开始疯狂掠夺财富。金锡之在沪经营的纱号经济状况每况愈下，为了摆脱困境，他转而从事证券交易。抗日战争结束不久，内战烽烟四起，货币贬值，民不聊生，加上国民党在上海盘剥民族资本家，锡之创办的商行最终破产。20世纪60年代初，锡之在上海病逝，享年七十九岁。

金锡之给家乡人民留下了一座令人叹为观止的雕花楼，他的爱国热情、慷慨义举，至今为家乡人民所铭记。

小资料

雕花楼前楼大厅雕的是“怀橘奉母”“戏彩娱亲”等二十四孝图和“囊萤夜读”“道途磨杵”等励志故事。门槛上嵌有蝙蝠形的销眼，叫作“脚踏有福”。迈进前楼大厅，就是整幢雕花楼的主厅，称为“凤凰厅”，因为厅内总共雕了172只也就是86对凤凰，当地方言“八六”与“百乐”谐音，寓意百年快乐，4根厅柱上端雕有4副乌纱帽的帽翅，象征“回头有官”，所以又叫“官帽厅”。大厅包头梁上的黄杨木雕，叙述的是“桃园结义”“三英战吕布”“三顾茅庐”等48个《三国演义》里的故事，画面着力刻画英雄人物威严勇武的神态，惟妙惟肖，十分耐看。大厅沿廊饰有20只花篮，分别雕有春兰、夏荷、秋菊、冬梅四季花卉。

议一议

讨论金锡之取得巨大商业成就的原因是什么。

注重个人端行的东山望族

小资料

“未尝取一无名钱”的金汝鼐

在中国，诚信是一种基本道德准则。东山金氏优良的家风家训中，诚信便是重要的一条，出生在东山翁巷的金氏先辈金汝鼐就是一位讲诚信的典型代表。清初散文家汪琬（1624—1691）在金汝鼒去世后写的《观涛翁墓志铭》中引金先生的儿子的话说："凡佐席氏者三十年……席氏不复问其出入，然未尝取一无名钱。所亲厚或微讽曰：君纵不欲自润，独不为子孙耶？翁叱之曰：人输腹心于我，而我负之，谓鬼神何？……有寄白金若干两者，其人客死无子，行求其婿，归之。婿家大惊，初不知妇翁有金在吾父所也。故山中人皆推吾父长者。"（《尧峰文钞》卷十六）文中说的是金汝鼒在山东行商，有一天来了一位张姓朋友，寄放了一个木匣在他这里，说是外出济宁办事不太方便，等他回来再取。但这位朋友一去不返，三年都没有音信。后来遇到知情人，金汝鼒才知这位朋友早已客死他乡。经多方打听，金汝鼒得知这位张姓朋友没有儿子，只有个女儿嫁到了山西。金汝鼒就千里迢迢，亲手将朋友寄放在他这里的木匣交到朋友的女婿家，朋友的女婿打开木匣一看，里面都是金银首饰。张姓朋友的女儿为感谢金汝鼒，硬要分首饰给他，金汝鼒说：我若贪财，今日哪会送钱上门！你尽管放心收下。

金汝鼒辅助舅舅席氏经商三十年，却"未尝取一无名钱"。对那些死无对证、轻而易举就可据为已有的银钱都要奉还，更不用说履行约定的承诺了！金汝鼒为后人树立了以诚信立身的良好典范。

终身为善的席椵卿

席椵卿是东山席氏第三十七世孙，是东山早期旅沪从事金融业的人士。

15 岁时，席椵卿就开始外出学做生意，他一直牢记父亲的教诲，一心向善。

传说，席椵卿在英商麦加利银行担任会计的时候，某天傍晚下班，在二楼走廊转弯处发现一个小手提包，拎在手里沉甸甸的。打开一看，满包都是贵重饰品。他想，这肯定是顾客丢失的，失主一定非常着急。于是他就站在那里，等了近半个小时。因下班大楼要锁门，他就把小包放进办公室保险柜锁好。第二天一早，他提前上班，又到门口等候，可还是没有人前来认领。就这样一连等了三天，终于有失主在家人陪同下前来认领。原来，失主丢失了小包后急得昏过去了，被家人送到医院抢救，所以耽误了三天才来银行寻找。他们见包内物品一件不少，万分感激，登报表示谢意。这也使银行信誉显著上升，席嘏卿被提升为财务主办。

1911 年，席嘏卿 80 岁生日，他关照长子席锡蕃把收到的寿礼及筵资共 3 600 两白银悉数捐给东山旅沪同乡会，资助旅沪惠旅养病院的建设，造福旅沪的东山人。在惠旅养病院的碑记中，人们知道了他那句“终身为善”的座右铭，以及他一生为善的事迹。

医者仁心的吴有性

吴有性，字又可，洞庭东山人，是明末的医学家。崇祯十四年（1641），南北各省瘟疫流行。他敢于破除传染病因旧说，倡言“守古法不合今病”，创立“疠气”病因学说，认为瘟疫之病因，非古代所说之时气和伏邪，而是一种不能见、闻、触到之“疠（戾）气”。疠气由口鼻而入，与伤寒之邪由肌表传里者有所不同。疠气不止一种，故称“杂气”。某种杂气会使人患某种传染病，各种疠气均有其特异性。其所著《温疫论》一书，对丰富瘟病学内容，促进瘟病学发展贡献很大。成书未两年，便刻印传世，医家竞相翻印。康熙年间传至日本，备受推崇。吴有性在东山之遗迹有其在崇祯十七年（1644）以族长身份所立《净志庵碑记》一块，砌在鹅潭庙墙内。现庙毁墙存，碑还在。

东山望族族规家训

与其他地区传统的望族大户一样，苏州东山的各大家族几乎都有自己的宗谱、族规、家训。其中较为完整、规范的有明代席氏的《居家杂仪》、明代沈氏的《迩言家训》、清代叶氏的《叶氏务本义庄规条》等。其余家训、格言也都列于氏族宗谱中。这些族规家训归纳起来有修身、治家、睦亲、处世、教子、勉学、就业、交友等 8 个方面。东山望族家风家训等比较典型的有如下一些：

潘氏家训 孝父母、敬长上、和兄弟、慎继立、修世谱、详世系、重坟墓、葺祠宇、立家业、教子孙、重婚姻、重丧葬、完国课、毋荒学、勤农业、树桑麻、毋构讼、毋赌博、睦亲邻、严家范、安清贫、戒童仆、珍书籍、戒陈设，共24条。

翁氏格言 一念之善，吉祥随之；一念之恶，厉鬼随之。至乐莫如读书，至要莫如教子。富时不俭贫时悔，闲时不学用时悔，安不将息病时悔。天下有两难，登天难，求人更难，知其难，守其难，测其险，可以处世也。

严氏家训 毋以强凌弱，毋以知诈患，毋以贫废亲。

严氏族规 有无相赠，患难相急，吉凶相庆，疾病出入相扶持，岁时宴食相敦睦。

吴氏家训 孝悌睦族，尚仁崇善。

郑氏家训 三德：至德以为道本，敏德以为行本，孝德以知逆恶。
三行：孝行以亲父母，友行以尊贤良，顺行以事师长。

王氏家训 好学重礼，勤俭忠厚。勤以立身，俭以处家，诚以待人，信以交友。子弟童年以祖鍪为偶，少年勉学立志。成年以实涉世，远离烟赌毒讼。从政勤政爱民，以俭养廉，经商以德为重，忌唯利是图。做人以奉献为荣，具才能为华，有知识为富，知廉耻为贵。处世心胸开阔有他人，助人为乐不图报，身后财富不能不留，不能多留。

叶氏家训 君子务本，立本道生。

金氏家训 积金、积善、举善、读书、延师、处家、输纳、节俭、立身、祭祀、贫富、败坏、葬亲、饮酒、兵讼共15条。

中国家训的三大主题

中国家训源远流长，流传至今比较有名的大多是帝王将相、仕宦之家的家训，至于普通人家的家训，有的可以从各种族谱家谱中找到，更多的只能在家族内部口口相传了。但不管是哪种类别的家训，都有许多共同的内容。

总结起来，中国家训的内容有三大主题。一是“齐家治国之道”，二是“为人处世之道”，三是“读书治学之道”。

“齐家治国之道”，主要指的是齐家治国的理想。中国家训中，讲齐家治国人生理想与信念的随处可见。周公辅政时教导侄子成王说："君子所其无逸，先知稼穑之艰难。"后来，这句家训成为诸多帝王教育后代的名训。因为中国古代历史发展有一个特点，就是每次新朝代建立时，开国之君都重视吸取前朝灭亡的教训，以家训教导子孙励精图治，不要贪图奢华生活，以免重蹈覆辙。自周至清，汉高祖刘邦的《手敕太子文》、汉武帝刘彻"尝而后知其甘苦"的家训、唐太宗李世民的《帝范》与《诫皇属》、宋太祖赵匡胤"仁慈待人"的家训、明太祖朱元璋的《明太祖宝训》、清圣祖康熙的《庭训格言》与《圣谕十六条》、清世宗雍正的《圣谕广训》……中国历代帝王，都训诫其继承者勤政爱民，实现兴国安邦的理想。

"为人处世之道"，主要指的是为人处世的原则。中国家训中，讲如何为人处世的比比皆是，其中讲得最多的是"孝道""勤俭""谦恭"和"助人"等。诸葛亮在《诫子书》中说："静以修身，俭以养德，非淡泊无以明志，非宁静无以致远。"《朱子家训》说："一粥一饭，当思来处不易；半丝半缕，恒念物力维艰。"清理学家张履祥在《训子语》中说："子孙以忠信谨慎为先，切戒猖薄。"被朱元璋赐以"江南第一家"美称的郑氏家族在《郑氏规范》中训示子孙要体恤孤寡贫穷，乐善好施，譬如借粮给穷苦乡亲不得收息，经常修桥补路"以利行客"，炎夏时节在大路旁设茶水站"以济渴者"，等等。《颜氏家训》一开篇就阐述了著立家训的目的，其基本内容不外乎要家人清白做人，自立自重，忠君爱国，宽柔慈厚。《弟子规》在总叙中则具体列述了弟子"为人处世"与学习上的守则规范："首孝悌，次谨信，泛爱众，而亲仁，有余力，则学文。"

"读书治学之道"，主要指的是读书治学的方法。中国家训中，讲读书治学方法的随手可拈，其中"德才兼修"的理念最值得称道。这种理念有两个特点，一个是训诫子弟读书并不仅仅是为了入仕，更是为了提升自我的道德品行，"修身"第一，"仕进"第二。教育家孔子对儿子孔鲤的教育就是这样，他教导儿子不仅要学"诗"，更要学"礼"，因为"不学诗无以言"，而"不学礼无以立"。孟子母亲更是用"买肉啖子""断机教子"这一套"组合拳"的"身教"家训，教出了一个"亚圣"。明末清初理学家孙奇逢在《孝友堂家训》中说："士大夫教诫子弟，是第一紧要事，子弟不成人，富贵适以益其恶；子弟能自立，贫贱益以固其节。"另一个特点是训诫子弟把读书与立志联系起来，与"齐家治国"和"为人处世"融为一体。西汉文学家孔臧在《诫子书》中说："人之进退，唯问其志。"明郑心材 在《郑敬中摘语》中告诫儿子："大志非才不就，大才非学不成。

学非记诵云尔，当究事所以然，融于心目，如身亲履之。南阳一出即相，淮阴一出即将，果盖世雄才，皆是平时所学，志士读书当知此。”

议一议

1. 请列举中国古代著名的家训。

2. 你觉得古代家训中哪些为人处世之道至今仍有现实意义？

查一查

实地探访雕花楼、惠和堂，学习金氏家训、王氏家训。

写一写

结合“东山望族族规家训”和“注重个人端行的东山望族”两部分中的几个事例，说说你对家风家训意义的认识，并写下来。

2 书香门第

本课导学

北宋靖康之变后，金兵南下，中原沦陷。武德将军王惇护驾南渡，后随父亲王百三迁居东山洞庭，王百三被尊为东山王氏始祖。自此王氏家族在东山以农耕、经商为生，默默奋斗二百多年。到了明朝初年，七世孙王逵（字惟道）开始重整门庭，成为东山王氏振兴家业的奠基人。王逵好读书，苦于无所师授，完全靠自学成才。少年时朝夕诵读朱子《小学》、“四书”，常常废寝忘食。学成后在祠堂创办私塾，教授族中子弟。后听说浦江郑氏家法闻名天下，于是就前往郑家学习，回家后效法郑家制定王氏家规。王氏家规包括和睦、谨言、积德、侍奉、养亲、兄弟、择配、娶亲、教子、延师、朋友、乡党、恤寡等共21条。每一条还做了详细的说明，比如家规中有：王氏子弟参加院试者贴白银3两，参加乡试者贴白银5两，入仕当官者贴白银10两，并定律延续。以此激励族中子侄学文化、遵孝道、懂礼仪。

自此东山莫厘王家逐渐成为书香门第，王逵的儿子勤奋好学，通过科举做了知县，开家族读书、考试、做官的先河。他的孙子王鏊更是在科考连中二元，钦点探花，入阁拜相，官居一品，使王家声望达到了顶峰，成为东山大族。从此王氏家族家风愈加醇厚，诗书传家，在后来的五百年间人才辈出。明清两代王氏家族共出进士、举人近30名，八世孙王世琛在康熙年间夺得状元，更使王家声名远播。近代以来，王家出了教授30多名，其中包括院士王守武、王守觉兄弟，他们为我国的科技、教育做出了卓越的贡献。

此外，东山叶氏家族也是有名的书香门第，明清两代共出进士5名，近代以来出教授30多名。

北宋叶梦得学问博洽，精通掌故。其词风接近苏轼，喜藏书。一生著述繁富，见于历代文献著录者50余种。清代其后人叶德辉为中国近代著名学者、藏书家，在其著述中，《书林清话》影响最大。

民国东山叶乐天也是著名学者。中年隐居故里，全心收集地方文献，中华人民共和国成立后将所藏图书悉数捐献给吴县（今属苏州市）图书馆，还辑成《乡志类稿》一书，为后人编写地方志提供了翔实材料。

议一议

说说你所知道的东山书香之家还有哪些。

走近书香之家

文章海内第一、山中宰相无双的王鏊

明朝景泰元年（1450），王鏊出生在陆巷王家老屋三槐堂。父亲王琬，早年在私塾潜心向学，长大后远游求学，但屡次乡试不中，做了三年知县便辞官回乡。母亲叶氏出身于书香门第，知书达理，勤俭持家。

王鏊自幼用功勤读，很早就显示了惊人的才华。16 岁那年，少年王鏊随父到京师念书。在国子监求学期间，王鏊常端坐夜读，灯火通宵不灭。读书之余，王鏊广交师友，潜心治学一日千里，同学争相传诵他的文章。朝中主盟文坛的侍郎叶盛看了王鏊的文章后，直呼“天下奇士，他日必名重天下”。在京师学有所成后，王鏊参加秋闱乡试，拔得头筹，高中解元。次年春入京会试第一，殿试第三，授予翰林院编修。今天陆巷王家老宅前的紫竹街上还立着解元、会元、探花三块牌坊，记录着当年王鏊连中二元，钦点探花，入职翰林的荣耀。

王鏊在为官以后，闭门读书，远避权贵，从来不肯向当权执政者献媚拍马，在翰林院的十几年一直得不到重用。在担任皇帝讲官时，多次引用前期典故对皇帝直言劝谏，正直敢言的性格深受同僚钦佩。正德初年（1506），朝廷公议推举王鏊为内阁大学士，官居极品。但此时的皇帝荒淫无道，大宦官刘瑾专横跋扈。当朝的同僚、身边的朋友一个个或被削官流放或被打入天牢甚至被折磨而死。面对危局，王鏊没有丝毫退缩，而是积极斡旋。

一天，阉党寻找借口，想要陷害三位朝中大臣，王鏊当面质问刘瑾，“士可杀不可辱，今日假如大臣无端受辱被杀，我有何面目立于朝廷之上！”迫于王鏊的正气凛然抗争以及舆论的压力，阉党最终做出妥协，免除三位大臣死罪。

60岁那年，王鏊辞官回归故里。退居林下的王鏊依然坚持著书立说。74岁时，有一次他的一位学生去拜访他，见先生面有不悦，问他缘故。王鏊说：“我恨自己不及古人那般勤于读书，自幼至今，夜读不辍。昨夜读书，双目渐昏，不能明了。人老而学业不进，所以担忧。”晚年的王鏊在地方提携后学，门生遍及吴中。他与江南四大才子中的唐寅、祝允明、文徵明等后学经常品茗雅集、谈论诗文、品评时政，成为苏州文坛佳话。

明朝嘉靖四年（1525），一代名臣、文渊阁大学士王鏊在苏州城西怡老园与世长辞。消息传来，朝野上下，人人哀痛。当朝皇帝为之辍朝一天以示哀悼，并且下旨派遣官员到王府赠官赐葬。下葬之日，墓前耸立两块青石墓柱，上所镌刻的“文章海内第一，山中宰相无双”挽联，对其一生做了恰如其分的评价！

小知识

连中三元是指什么？古代读书人参加乡试、会试、殿试三场考试都取得第一，分别称解元、会元、状元。王鏊在乡试、会试中连中二元，当时的人都期望他连中三元。可惜殿试后，众考官皆批第一，唯独主考官不同意，王鏊于是获第三名探花。

王鏊晚年居家共14年，“不治生产，惟看书著作为娱，旁无所好，兴致古澹，有悠然物外之趣”。筑“颜乐堂”“宜晚轩”，富藏书。与吴宽、唐寅、文徵明等藏书家互相唱和。曾自称：家世藏书，分散于数处，以防散佚、水火之虞。清人姜绍书论他为明代藏书家之一。藏书印有“济之”“御题文学侍从”“渭北春天树，江东日暮云，何时一樽酒，重与细论文”“王济之图书”“大学士章”“三槐之裔大宗伯章”“震泽世家”等。刊刻图书有《孙可之集》《古尚方》等。

图 2-1 王鏊故居惠和堂（一）

图 2-2 王鏊故居惠和堂（二）

说一说

百折不回王守觉

王守觉院士，祖籍苏州东山，1925 年出生于上海。他的父亲王季同是中国第一个在国际数学杂志上发表论文的数学家。他的三位哥哥都是学有成就的科学家，大姐是著名妇产科专家，二姐是清华大学的首位女教授。

王守觉自幼勤奋好学，成绩优秀，加之是家中最小的孩子，故深得父母与兄姐们的宠爱。在他 12 岁那年暑假期间，日本进攻上海，王家逃难到内陆，颠沛流离，两年后到了昆明。王守觉凭着扎实的功底考入了高中，但是不久便因为患病辍学。身体康复以后，王守觉不甘心在家吃闲饭，就出去打工补贴家用，他修过钟表，自制过门锁，甚至还养过猪。在艰苦劳动之余，王守觉仍然坚持自学，立志考上大学。由于小学毕业后，王守觉在中学只学过几个月，家里人都不太看好他。为了学好英语，他就将家里的外文杂志找来，对照词典认真自学，半年后出人意料地考上了同济大学。

大学毕业后，王守觉先后进入了上海镭学研究所、中国科学院半导体研究所工作。当时中国科学院半导体研究所的负责人就是他的哥哥王守武，人们经常可以看到兄弟两人为了工作争论得面红耳赤。王守觉后来说：“我们最大的区别在于，做实践出身的我要先把产品做出来，再去解决产品存在的问题，而学物理理论出身的哥哥则坚持要把所有可能存在的理论问题都解决掉，再制造产品。”就是凭着对科学研究一丝不苟的精神，王守觉院士研制出我国第一只锗高频合金扩散晶体管，把其截止频率从锗合金结晶体管的2兆赫提高到了200兆赫，提供了我国首台晶体管高速计算机——109乙机所需的半导体器件；成功研制中国第一批用于战略导弹的硅平面管，并完善了硅平面管的生产工艺。

在昆明、上海、北京等地漂泊奋斗了大半辈子，王守觉院士晚年特别思念自己的家乡东山。1998年，地方报纸曾刊登了他投来的诗歌：“姑苏千里瞬间航，难追童年好时光。惊悉同窗辞世去，留得人间泪行行。六十春秋异地过，父老汗滴城换装，此生恨无分身术，能为家乡做几桩。”在王守觉眼里，家乡的一景一物是那么令人向往。不久，王守觉院士在东山镇上购买了一处民宅，翻建后长期居住在那里，平时经常和乡民交谈，毫无架子。闲暇之余还十分关心家乡的教育事业，进入东山莫厘中学为广大师生上课，勉励学子们在努力学习的同时，培养爱国主义和助人为乐的精神，勇往直前、艰苦奋斗。同时在莫厘中学设立了“王守觉希望奖学金”，第一、第二届他都亲自为获奖学生颁奖。待到第三届颁奖时，王守觉已经卧病在床，不能前往，但他还是念念不忘莘莘学子，通过校领导转达了对师生的问候。

不久，王守觉院士在苏州逝世，享年91岁。党和国家领导人发来唁电：科学领域为失去这样一位学科泰斗，扼腕痛惜；王氏家族，为失去这样一位挚爱亲人，无限悲痛；学生弟子，为失去这样一位良师，深切哀悼！

小知识

王守觉（1925—2016），苏州东山人。是王鏊第十五世孙，其祖父王颂蔚是清末历史学家。父亲兄弟姐妹九人成就突出，被誉为“王氏四杰”和“五朵金花”。王家子女为何个个杰出？王守觉把父亲的教育方法特点总结为“三句半”：一是“言教不如身教”；二是“多说不如多看”；三是“尊重自我发展”；最后半句是“少管”。

小资料

王守武（1919—2014），苏州东山人，半导体器件物理学家、微电子学家，中国半导体科学技术的开拓者与奠基人之一。王守武1941年毕业于上海同济大学，1945年赴美留学，1949年获美国普渡大学博士学位，1950年回国。回国后，王守武先后任中国科学院应用物理所半导体研究室主任、中国科学院半导体研究所副所长、中国科学院109厂厂长、中国科学院微电子中心名誉主任等职。1979年获全国劳动模范称号，1980年当选为中国科学院院士。王守武成功主持研制了中国第一只砷化镓半导体激光器；成功主持研制4千位、16千位的DRAM大规模集成电路，在研究与开发中国半导体材料、半导体器件及大规模集成电路方面做出了重要贡献。在中国科技大学兼职授课20余年，培养了一批物理学家和半导体技术专家。1979年和1981年获中国科学院科研成果一等奖；1985年两次、1990年一次获中科院科技进步奖二等奖；1987年获国家科技进步奖二等奖。

何泽慧（1914—2011），女，苏州人。杰出的核物理学家。1936年毕业于清华大学，1940年获德国柏林高等工业大学工程博士学位，1980年当选为中国科学院学部委员。被誉为“中国的居里夫人”。何泽慧生前是中国科学院高能物理研究所研究员。在德国海德堡皇家学院核物理研究所工作期间，她首先发现并研究了正负电子几乎全部交换能量的弹性碰撞现象。在法国巴黎法兰西学院核化学实验室工作期间，与合作者一起发现并研究了铀的三分裂和四分裂现象。20世纪50年代，与合作者一起自力更生成功研制了对粒子灵敏的原子核乳胶探测器。在建设中子物理实验室、高山宇宙线观察站，开展高空气球、高能天体物理等多领域研究中做出了重要贡献。何泽慧是中国人民政治协商会议第五、六、七届全国委员，空间科学学会原常务理事，中科院高能所原副所长。

议一议

院士王守觉、王守武、何泽慧成才的经历对我们有什么启示？

明代开科以来最年轻的状元施槃

明朝正统三年（1438），苏州府吴县学院的荷花池内，三朵荷花居然开在了同一枝头，引得大家争相观看，一时传为奇闻。这一年的乡试秋闱，捷报传来，三位吴县秀才同时中举，其中施槃名列前茅。

施槃幼年家道中落，母亲早丧，继母严氏嫁入施家后，子孝母慈，乡人无不称赞。父亲亦农亦商，仅能够勉强维持家计。有一年，父亲携施槃至淮扬，想让儿子弃学从商。但施槃年少好学，哭着要读书。父亲无奈，只得让他寄宿在朋友罗铎家中，随罗家子弟在私塾念书。一天，一位姓张的御史来罗家做客，两个孩子出来见客。张御史想考考孩子们的学识，随口出了一个对联：“新月如弓，残月如弓，上弦月，下弦月。”施槃应声答道：“朝霞似锦，晚霞似锦，东川锦，西川锦。”张御史听后大惊，连声称赞并预言其必成大器！

不久，父亲将施槃送回乡里，进入县学读书。在此期间，施槃没有了后顾之忧，一心向学，同时虚心求教，广交师友，他的超群文才一时被竞相推重。少年施槃对自己的文章也十分自信，在赴试京师的时候，曾经写下诗句：“莫怪风前多落魄，三春应做探花郎。”果然，不久后的殿试中一举夺魁，成为明代开科以来最年轻的状元郎。

施槃中状元后进入翰林院为官，每日闭门谢客，用功勤读，以图将来报效朝廷。一日，明英宗亲临翰林院，见到了风度翩翩的施状元，笑着问：“卿家吴中有何名胜？”施槃忙回对道：“有四桥四寺。”英宗又问：“四桥四寺叫什么名字？”状元应声答道：“四寺者，承天、万寿、永定、隆兴；四桥者，凤凰、来苑、吉利、太平。”一连串吉利的名字，听得皇帝龙颜大悦，连声称赞。

施槃少年得志，本该前程似锦，为国为民做出一番事业。可惜中状元的第二年就身染重病，不久就病逝京师。消息传来，天下无不为之悲痛叹息。翰林院同僚、朝中公卿纷纷赠送挽联致哀，痛悼英才。当朝内阁首辅、武英殿大学士杨溥亲自为他撰写了墓志铭。当年秋天，家人护送施公灵柩回归故里，安葬于金塔村施家祖茔中。

施槃膝下无子，以侄儿施凤为嗣子。施凤品德醇厚，富有才学，闻名乡里，其子孙后代人才辈出，施家至今仍为东山的大家族。

查一查

什么是古代科举考试中的状元、榜眼、探花？

小知识

清初，翰林院里有一帮文人聊天，各自夸耀家乡的土产。广东人说家乡产象牙、犀角，陕西人说家乡产狐裘皮毡，山东人说家乡产山珍海味，湖北人说家乡产优质木材……众人“侈举备陈，以为欢笑”。汪琬（字苕文，号钝奄）则默默不言，于是大家揶揄道：“苏州自号天下名郡，钝奄先生是苏州人，怎么会不知道苏州的土产呢！”汪琬故意一本正经地说道：“苏州土产极少，只有两样东西。”众人忙问哪两样，汪琬一板一眼地说：“一是梨园子弟。”众人听了拊掌称是，并急忙追问另一样是什么。汪琬故意不说，众人愈是问得急，汪琬愈是慢吞吞地说道：“状元也。”众人听罢，“结舌而散”。这个故事记载在清初吴江人钮琇的笔记里。

走一走

参观东山状元馆、王鏊祠堂、王鏊墓。

写一写

结合本课内容,写一篇参观陆巷古村的游记。

3 乐善好施

本课导学

美国作家马克·吐温讲过："善良，是一种世界通用的语言，且盲人可感之，聋人可闻之。"

善行，就是对社会、他人符合道德要求的，且通常是具有有益后果的行为。慈善捐募是善举，捐粮派米、赠医施药、兴办义学也是善举。善举、善行，不论大小，统统都属于"乐善好施"的范畴。乐善好施是社会的需要，是倡导和践行社会主义核心价值观的具体表现之一。

古朴的东山，有着与苏州城同龄的历史，勤劳、勇敢的乡人开创了近代"洞庭商帮"的辉煌历史，他们虽长年累月奔走于大江南北，但仍心系故乡，通过各种不同途径和方法回报家乡。义学、义路、义庄、义冢、义医、义赈、义井、义浚、义渡（码头），以及义务保护风景文物资源等民间义举，历代有之，乐善好施之风在东山的历史上久盛不衰……

乐善好施

【成语释义】

乐善好施：喜欢做善事，乐于拿财物接济有困难的人。

【成语出处】

闻徵音，使人乐善而好施；闻羽音，使人整齐而好礼。

——司马迁《史记·乐书》

【相关文学出处】

陈君既然乐善好施，我自然也当仁不让。

——欧阳山《三家巷》

宋湜懿文多识，名动人主，至与李沆同命。虽去沆远甚，然乐善好施，士类归之，亦可尚也。

——《宋史·陈彭年列传》

乐善好施人物介绍

徐春帆（生卒年不详），名学巽，字震东。东山后山湖沙里徐氏，素以善举著称于世，春帆既是徐氏从善者的继承者，又是族规家风的传承人。他在族内置义庄，赡恤孤，还建惇善堂公所等诸多公益场所。清嘉庆二十三年（1818），春帆与太湖司马罗琦创办东山第一所官办学堂——仰云书屋，为东、西两山士子提供肄业之所。次年，春帆与金宜臻倡导修筑虾蟣岭（又称廿四弯）山道，使畏途变坦途。道光五年（1825），春帆与叶长福择后山之石桥设义渡，捐养船工，不取渡资，以便两山人之交往。继又捐义田230亩，为长洲、元和、吴县三县之书生赴省城、京城乡试、会试提供费用。还出资兴办恤孤局，收养无依孤儿。继而又创办“积谷仓”，带头捐粮千石，为建成东山万石之仓，以保一方安宁做出巨大贡献。道光十年（1830），春帆响应太湖厅署号召，独资疏浚东山去苏州的主航道雕鹗河，山民为他建亭立碑，以彰其德。同治九年（1870），朝廷赐他以“善人”旌表。

图 3-1　义井：柳毅井

图 3-2　义学：朱恩馀夫妇资助东山实验小学移地重建

小资料

义渡　清道光五年，徐春帆和叶长福创办石桥义渡。后来，复兴禅院僧人广源创设余山义渡。清朝末期，三善堂创办摆渡口义渡。1993 年夏，孙国宝牵头捐建成三山码头。

义浚　清道光十年，徐春帆独资捐助疏浚雕鹗河。清光绪十九年（1893），郑言绍发起募捐疏浚黄洋湾。1913 年，洞庭东山同乡会捐款开浚自越溪到东山渡余水桥河道。1917 年 5 月，同乡会又捐款 144 元由席微三经办疏浚徐家河、席家湖两港。1922 年 9 月，同乡会出资疏浚渡水港。1934 年，同乡会又捐款开浚小北湖河道。1991 年，周文轩夫妇捐资港币 100 万，帮助家乡建造了 1 座 1 760 米长的太湖大堤——周堤，1 座防洪闸——云震闸。

义赈　明弘治年闹荒，吴天禬散财赈灾，朝廷旌其庐曰“尚义”。明嘉靖二年（1523）秋闹荒，王鏊开仓赈济三日，2 400 余人受益。明崇祯十四年（1641）夏大旱，蝗虫成灾。席本祯购米 3 000 石赈济灾民，同时在南京、济宁、江淮一带赈灾放粮。1941 年，东山习艺所无衣御寒，地方发起募捐，金锡之、徐子星在上海捐输半数。1942 年冬，洞庭东山旅沪同乡会先后募款 8 000 元、9 700 元汇往东山，作冬防、冬赈之用。1991 年，苏州遭受特大洪水灾害，东山籍港商周文轩捐 50 万包中萃面以及两个集装箱的饮料，送到苏州东山抗洪第一线。

论一论

请与同学讨论“乐善好施”的品行是否值得在当今社会推广？为什么？

沈莱舟先生与他的“恒源祥”

图 3–3　沈莱舟

沈莱舟（1894—1987），字宏禳，别署弱馀，东山人。旅沪著名实业家，是当今上海“恒源祥”老字号的创始人。20 世纪 30 年代，外国羊绒线充斥市场，处处冲击、排挤国产绒线。沈莱舟为维护民族企业权益，联合绒线同行于 1939 年创办裕民毛绒线厂，自任董事长、经理，同时又兼恒源祥织布厂总经理，以质优价廉的名牌绒线“小囡牌”“双洋牌”为商标进入市场。还在一般市民中大力宣传用国产绒线编织衣服的优点，同时传授编织衣服的方法，雇人在店门口现场示范。日军进驻上海后，对部分日用商品原材料实行管制，绒线亦属受管制商品。当此之时，沈莱舟毅然决定改做小五金业，没有解雇一名员工，与员工们共渡难关。1942 年管解禁后，恒源祥照开。40 年代后期，沈莱舟已成为沪上毛纺织业的巨子，有了一定的身份和地位，可他不忘社会公益，尤其关注家乡的公益事业。1946 年他捐黄金 30 两，整修东山著名古迹紫金庵；1947 年捐田 600 亩及美金 2 500 元资助东山莫厘中学；1948 年捐款 4 亿元（在当时可购买大米 8.3 吨）给东山第一中心国民小学修建校舍。1949 年

图 3–4　恒源祥商铺

图 3–5　关于恒源祥的报道

6 月 2 日，上海市市长陈毅在外滩中国银行大厦四楼接见了沈莱舟等一批著名工商界代表。是年，沈莱舟当选为上海市各界人民代表大会代表并出席了代表大会。1950 年，沈莱舟加入中国民主建国会，先后担任徐汇、普陀区和市政协委员，上海市呢绒绒线同业公会主任委员等职。

周文轩（1921—2007），东山人，旅港实业家。周文轩在家乡度过了童年，初中尚未毕业即到上海谋生。1947 年，周文轩到香港从事纺织品制造业。在香港，他第一个引进了即食面（方便面）生产线和先进的洗衣粉生产线。同时，他还在香港建筑行业中首先推广了制造房屋预制件。1991 年苏州遭受特大洪灾，周文轩得悉后，马上派其助手郭次仪到实地考察灾情，获知实况后又马上做出决定，从自己在无锡的合资企业急调中萃面 50 万包送往东山抗洪第一线。还捐了两个集装箱的饮料（折人民币 50 万元），从深圳发到东山。灾后，捐资 100 万港币，帮助东山建造了一条 1 760 米长的太湖防洪大堤——周堤和一座防洪闸——云震闸。此后，他还积极支持胞弟周忠继在家乡投资 100 万港币建造玉树高级中学，并亲自为该校题字。1992—1994 年三年中，周文轩直接投资 9 000 多万美元给苏州地区，先后创办了苏州国贸中心、苏州东太食品有限公司（东山）、苏州南新水泥有限公司、苏州南达水泥有限公司、张家港南港发展有限公司等企业。

小资料

义学　近代以来，东山各氏族中或由宗祠或个人出面先后创办过文昌、碧螺、志强、茭田、智生、务本、鉴塘、东吴、安定、志德、中西女校、南阳、余仁、钟秀、钟英、荫庚、镜秋等民办小学。各办学机构自聘校长、老师，为本族子女入学提供方便。有的学校还接收族外子女，如鉴塘小学，且学生书杂费一度全免。有的学校则对族外子女另外收费。抗日战争胜利后，部分小学复校。后由于经费紧张，一部分学校就酌情向本族子女收费。氏族办学经费主要来源于校产和本族义庄的支持。

自 1988 年 4 月起，朱恩馀夫妇先后 13 次为东山中心小学、东山实验小学、幼山小学捐款，总金额达 1 118 万元。徐锦镛 1989 年 4 月返山祭祖时向三山小学捐助人民币 1 万元。沈新盘命其子女向东山教育基金会捐款人民币 1 万元。

说一说

东山除了义渡、义浚、义学以外，还有义路、义庄、义医、义井等，请查找资料，说一说这些义举。

想一想

我们身边哪些事情是我们中学生力所能及的义举呢？

小资料

义庄　自明末至清代，席、翁、郑、严、叶等东山大姓巨族均置义庄。

明崇祯年间（1628—1644），太仆席本祯创立席太仆义庄，每月逢初二、十六，两次发放粮食以济本族孤贫。其子席启图，继承父志，又广置义田，帮助生活无依的同族人。清乾隆二十七年（1762），翁大业建翁氏义庄。至嘉庆初，其孙翁新熙捐田 520 亩。同治年间（1862—1874），族裔大本，又屡捐田亩，扩大义庄规模。清乾隆中期（约 1766），严福曾想置义田赡族没有成功，其弟徵乔继其志而建成严氏义庄。清道光年间（约 1835），湖沙里人徐春帆设立徐氏义庄，捐田 824 亩，以供义庄义塾之需，民国后废。

清道光初年，王熊伯提出修建义庄的倡议。道光十二年（1832），其侄仲沅、仲淳两人合捐昭文花田 350 亩，值钱 2 000 元，建成王氏云津堂义庄。以后十数年间，族人继续捐钱捐田，接济其本支子孙。

清光绪三十年（1904），叶翰甫等创办叶氏务本义庄，在阁老厅（即前王文恪公宅）后。置义田 1 000 多亩，禀宪立案，邀颁“乐善好施”题额，准予建坊。因叶氏族人众多，义庄仅供百十公（堂）之子孙。光绪十七年（1891），由叶懋鎏与族兄懋棣牵头，各捐祭田百亩设立叶巷支义庄，继将族兄懋官昔年捐募祭项开支结余，尽数易置祭田 58 亩。至光绪二十九年（1903），懋鎏复捐入祠田 742 亩，并购庄屋，用以赡养族中孤寡老人。

金氏义庄创办于晚清，当时由金春生管理，地址在古桔社金家祠堂（汤家场）。义庄有荡田 200 亩，收入供赡族之用。万氏义庄在东万巷沿街。民国后由万振声承父万梅峰遗命，捐置长元境田 500 亩，为义田赡族，1928 年春建造庄屋。1945 年春，徐介启夫妇之子女徐敬等为纪念父母寿辰，筹集资金购置田亩，创立寿亲义庄，表达“寿亲寿世，寿世寿亲”的心愿。同时，徐敬等还在家乡试行送药事宜，得到沪上东联社等支持和配合，义务为家乡民众送药，直到 1949 年结束。

信息延伸

翁笾（1525—1607），字文夫，号少山，东山人，明代著名商人。从小便随父挟资经商于江淮，并以清源为基地，向周边拓展，其业务主要以棉花、棉布与布缕青靛为主。经常往来荆楚、建业、闽粤之间，甚至远及辽左等地，有“非少山布勿衣勿被”之说。翁笾对身边的童仆子弟中能干者则悉心培养，指授方略，放手让他们外出经营。他们打着翁少山的旗号，致使少山的声誉越来越大，海内有“翁百万”之誉，东山也“言富者必首称翁许。”（当时东山与翁氏并立者，还有大商人许志问，字冲宇，善治产居积，也是拥巨财居大第之户，故有“翁许”之称。）翁笾为人大方又重礼义，凡事涉及故乡公益便热心关注，修治堤堰、河道、山路、寺庙，施舍救灾及吴县学宫、北寺塔整修他都主动参与，还独资捐建苏州玄妙观26座殿宇之一的祝厘殿。

朱鉴塘（1869—1918），名炯，东山人，清末民初著名实业家。少无恒产，弱冠赴沪上，习府绸（又名鲁绸，系野蚕茧丝所织成，亦称茧绸）业。游说同道，发展府绸业，外塞洋货之漏卮（zhī），内补乡民之生计，并集股设久成府绸庄，注册“单鹿”“双鹿”商标。仅数年，年销达600万~700万元，俨然居外贸出口之前列。被推选为上海出口公会会长。鉴塘还热心故乡公益，事无巨细，莫不竭力以赴。清光绪三十年（1904），创办“裕泰小轮”，开通杨湾、东山到苏州的航线。提倡公墓制，率先将朱氏族葬地改为公墓。积极参与浚河、筑路、造桥、兴学以及兴办医院、义赈等善举。惜未到50岁便病卒了。遗命在杨湾设立义务小学，作为发展儿童教育之基础。1921年，其嗣朱润生遵遗命在杨湾明善堂设私立鉴塘小学（现为幼山小学），并在槎湾、王舍两地设分校，义务教育平民儿童，学费、书费俱免。

考一考

明末至清代，东山有几个大姓巨族置义庄？

图 3–6　鉴塘小学：明善堂（全国重点文物保护单位）

信息链接

明善堂

明善堂位于东山镇杨湾村，建于明代，现为全国重点文物保护单位。

据杨维忠先生在《东山古建筑》一书里介绍，明善堂是清朝顺治年间进士张延基的故居。1921年朱润生先生购得后在此创办私立鉴塘小学，学费、书费全免，是平民义务教育。鉴塘小学取名鉴塘，是因为举办义学是朱润生先生父亲朱鉴塘先生生前的遗愿。

中华人民共和国成立后，私立杨湾鉴塘小学更名为杨湾小学。

明善堂有副著名的对联，上联是“积金积玉不如积书教子”，下联是“宽田宽地莫若宽厚待人”，上联是讲教育的重要性，下联是讲处事待人要宽厚。

杨维忠先生在《东山古建筑》一书中说，抗日战争时期，苏州图书馆把 1 558 种，共 19 874 册宋元抄本等珍贵图书藏在明善堂，这些书因此得以保存下来。

现在明善堂建筑除后楼被拆除外，其余都得以保存。

助学义举

中国新闻网报道朱恩馀先生助学义举

中国新闻网　首页 → 新闻中心 → 中国侨界　字号：大 中 小

香港善源基金会资助江苏苏州东山实验小学

2012年10月23日 15:07　来源：中国新闻网　参与互动(0)

中新网苏州 10 月 23 日电　据苏州侨办消息，近日，香港善源基金会定向捐赠东山实验小学签约仪式举行。香港善源基金会会长朱恩馀、苏州市侨办副主任王哲莉，吴中区外侨办主任贺悦、副主任梅建琴，东山镇党政领导、东山镇镇区各学校校长等参加捐赠仪式。

香港善源基金会由朱恩馀先生个人出资设立，这次定向捐赠东山实验小学 500 万元人民币，是用于东山实验小学移地重建。

东山实验小学是苏州市吴中区的一所百年名校。学校现有的校舍是从 1989 年陆续建造，1989 年至 1992 年朱恩馀先生就捐资建造了“启蒙楼”“求知楼”和“进取楼”，捐赠金额达

150 万元。这次捐赠的 500 万元人民币主要用于学校的图书馆和报告厅的建造，建筑面积为 1900 平方米。

朱恩馀在仪式上说，“国家兴，国民荣；国家衰，国民辱；教育兴，国家盛。能为祖国的教育事业作一点点贡献，感到非常荣幸。”受赠单位表示，一定会用好朱恩馀先生的善款，弘扬朱恩馀先生的慈善捐赠精神。

朱恩馀先生及其家属生活非常俭朴，但他们乐善好施，热衷于慈善捐赠，特别是资助教育事业。(完)

图 3–7　中国新闻网报道朱恩馀夫妇事迹

调查小卡片

请以小组为单位，对周边了解东山人义举行为的人做一次访谈，并完成下面这张调查小卡片。

调查小卡片

调查小组：________　　调查时间：________

调查对象：________　　调查主题：________

调查内容：________________________

____

____

____

____

综合实践

选一项同学们一致认可的义举，一起去行动吧。请针对你与你的小伙伴马上要实施的义举行动，制订一份实施方案吧。

小组义举行动活动方案			
义举内容	参与人数	行动计划	负责人

4 爱国爱家

本课导学

热爱祖国是中华民族的优良传统，表现为对祖国土地、田园和人民的深挚的眷恋，对祖国的独立、自由和繁荣贡献力量的责任感和为民族命运不惜牺牲一切的献身精神。这是经过历史千锤百炼得来的珍贵的精神财富，反过来又给中华民族的历史发展带来了重要影响。

各个时代的爱国主义精神虽内容不同，但却一脉相承，并不断丰富和发展。古代的爱国主义以反对异族的压迫和侵略，忠于君主和致力于解除本民族苦难为主要内容。到了近代，爱国主义被赋予了新的时代内容，即反对外来侵略，救亡图存，争取民族的独立和社会的进步，其意义得到了更高层次的升华。中华人民共和国成立后，爱国主义表现为“在祖国最困难的时候，在祖国最需要人才的时候，到最艰苦的地方，为祖国的建设做出伟大的贡献。”

爱国是我们每一个人的责任与义务，人人都应该对养育我们的这片国土怀着深深的热爱与感激之情。同学们，国是大家庭，校和家是小家庭，我们爱国，首先要从爱家乡、爱校和爱家做起。

我们的家乡东山是一个历史文化悠久的古镇，这里自然环境优美，人文底蕴深厚。翻开东山这本厚厚的历史画卷，我们便会发现不同历史时期的众多爱国爱家的优秀历史人物。

握手历史人物

叶梦得

图 4-1 叶梦得画像

叶梦得（1077—1148），字少蕴，号石林居士，吴县东山人，居乌程（湖州市），北宋绍圣四年（1097）进士。徽宗时，累官龙图阁直学士。南渡之初，官江东安抚制置大使兼知建康府，总四路漕计，为支援抗金做过重要贡献。

叶梦得生活在两宋之交，虽然当时朝廷局势动荡，但他在仕途上的经历比较平稳。年仅 20 岁便进士及第，可谓是少年得志。他一生致力于儒学经术，文章受到当时文人的称颂，被人称为“大儒者”。叶梦得对子女的教育尽心尽力，每夜都会召集诸子诸妇听他说《春秋》，从不间断，致使后来有些子弟听得非常厌烦，背着他小声地嘀咕：“翁又说《春秋》耶。”叶梦得不仅在学问上很有成就，为官上也有一番作为。北宋朝廷南渡后，叶梦得被任命为江东安抚大使，并兼知建康府。建康遭到金兵洗劫后，一片荒芜，民不聊生。叶梦得通过实施安抚黎民的政策，使建康很快恢复了往日的繁华。当时前方战事仍然紧张，粮食紧缺，叶梦得及时给予军事补给，大大地支援了前线。

叶梦得也是一位词人。他前期作品以“婉丽”著称，南宋后，经历国破之怅，词作中的悲苦之音甚浓，但他为人旷达，在词中仗剑怒吼，让人肃然起敬。叶梦得的忧国忧民之心如同杜甫，身系国家，心系人民，作为爱国之士，无论是其人还是其词都受到了人们的赞扬。

小资料(一)

点绛唇

叶梦得

缥缈危亭，笑谈独在千峰上。与谁同赏，万里横烟浪。
老去情怀，独作天涯想。空惆怅，少年豪放，莫学衰翁样。

注：这首词是叶梦得在第二次登上绝顶亭时所作，第一次来的时候叶梦得出任江东安抚使，正值壮年，而今告老还乡，岁月荏苒，登高而望，让他平生了几分感慨，遂吟出了此词。

隐没在重山间的亭阁，笼罩在烟雾中，忽明忽暗，山顶上笑谈的声音回荡在山谷，深邃空灵。可叹的是有了如此美景却无人来赏。放眼望去，万里河山在一片烟雾的氤氲中，显得朦胧。金兵的铁骑之声时常响起，北宋的半壁河山何时能光复？他看不清未来，但是无时无刻不在作着天涯之想。虽已年迈体衰，但壮心不减，他要学着快意的少年，对酒当歌，畅意人生，而不是像衰老之翁，了无生气地过着残生。

八声甘州

叶梦得

故都迷岸草，望长淮、依然绕孤城。想乌衣年少，芝兰秀发，戈戟云横。坐看骄兵南渡，沸浪骇奔鲸。转眄东流水，一顾功成。

千载八公山下，尚断崖草木，遥拥峥嵘。漫云涛吞吐，无处问豪英。信劳生、空成今古，笑我来、何事怆遗情？东山老，可堪岁晚，独听桓筝！

注：野草在故都的周围蔓延，看那淮河的水依然沿着孤城日夜不停地流，千年不息。想着当年谢安在淝水之战中指挥若定，谈笑间让前秦苻坚的军队落荒而逃。东山再起的故事从那以后便流传开来。八公山上，仍有谢师的踪迹。岁月峥嵘，往事已过，留下的只是荒冢一堆。历史变幻莫测，也不必太过于伤情。东山老去，怎么可能忍受得了晚岁的凄凉，独自听着桓伊激愤的筝声？

爱国爱家

小资料（二）

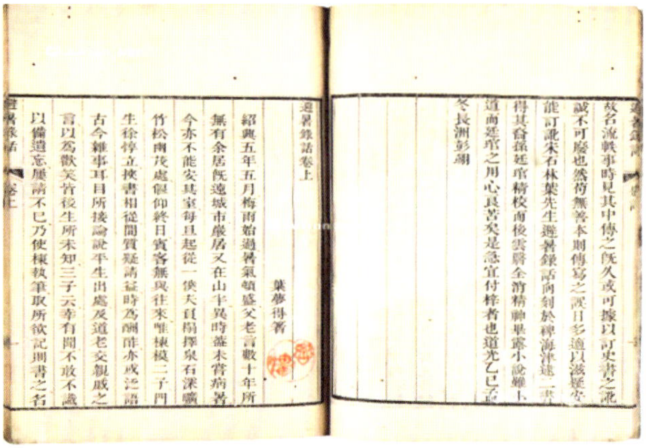
故名流軼事時見其中傳之既久或可據以訂史書之訛
誤不可廢也然苟無善本則傳寫之誤日多適以滋疑安
能訂訛宋石林葉先生避暑錄話向刻於稗海津逮二書
得其舊搜廷璋精校而後雲翳全消精神畢露小說雜卜
道而廷璋之用心良苦矣是急宜付梓者也道光乙巳孟
冬長洲彭翊

避暑錄話卷上

葉夢得著

紹興五年五月梅雨始過暑氣頓盛父老言數十年所
無有余居既遠城市廢居又在山半異時蓋未嘗病暑
今亦不能安其室每旦起從一僕夫負榻擇泉石深曠
竹松幽茂處偃仰終日賓客無與往來惟棟模二子門
生徐惇立挾書相從間質疑請益時為酬酢亦或泛語
古今雜事耳目所接論說平生出處及道老交親戚之
言以為歡笑皆後生所未知三子云幸有聞不敢不識
以備遺忘屢請不已乃使棟執筆取所欲記則書之名

避暑錄話　卷上　一

图 4–2
叶梦得作品集（一）

图 4–3
叶梦得作品集（二）

小资料（三）

图 4–4　叶梦得故居（一）

图 4–5　叶梦得故居（二）

王颂蔚

图 4-6　王颂蔚肖像

王颂蔚（1848—1895），男，字芾卿，号蒿隐，初名叔炳。祖籍苏州东山，王鏊第十三世孙。

早年师从冯桂芬，20 岁时受冯桂芬聘请修撰《苏州府志》。后与叶鞠裳、管季申等一起校定《铁琴铜剑楼书目》。通籍后，撰《周礼义疏》及《明史考证捃逸》若干卷。

清光绪六年（1880）庚辰进士，改庶吉士继续进修，散馆改户部主事，补军机章京。因其内心钦慕朱蓉生、梁节庵等为人，故常说假使能为御史言官之职，则愿足矣。王颂蔚每看到有耿直忠诚的为官事迹，就手抄笔录。

朝廷选拔御史，他参加考试，且获第一名。想不到军机处因其工作出色、业务熟练，上奏不能放任而未成，但其耿言敢说之志不衰。弹劾安徽巡抚阿克达春贪污渎职以及在购买北洋海军军舰时浮报冒领价款一案的上奏文稿，均由王颂蔚撰写。

王颂蔚为官廉洁清介，曾受派任工程监督，厂商按常例赠送因工程节约所提奖金，他坚决不收。潘祖荫和翁同龢都是他的座师，官居高位，但他除了请教学问，平时决不轻易拜访。潘公高风亮节，为人谨慎，平时甚少夸赞他人，唯独对王颂蔚青睐有加。

王颂蔚还提倡“开贤良、登俊良、讲求实学”，希望士人“学习测量、化学、光学……”并“咨商制造”。1890 年任会试考官时，他曾力荐蔡元培的考卷。甲午中日之战爆发，翁氏入主军机处，王颂蔚积极进言道：“军机处总持战局，更应该先知道战区地形，今军机处连高丽地图都没有，每当前方奏报军情，连所指地名在哪里都不知道，如何能运筹帷幄，决胜千里呢？”于是，军机处令北洋水师进献高丽地图。但该图太简陋，难以使用。时王颂蔚却有友人自日本归来，携有日本报馆所印中国地图，凡铁道、港口、电线等一切罗列，十分周详。他深为叹息：“敌人准备已非一日，而我们则在临渴掘井，如何能制胜敌人！”不久，中国果然战败，割地赔款，他深为悲愤，郁郁寡欢，于光绪二十一年（1895）七月在北京逝世，终年仅 48 岁。有四子季烈、季同、季点、季绪，五女季昭、季茝、季玉、季山、季常。

小资料（一）

王颂蔚一家

王颂蔚与叶昌炽、袁宝璜合称近代“苏州三才子”。其妻王谢长达，在苏州创办振华女校。其子王季烈是我国清末民初的物理学著作翻译家。他翻译出版了中国第一本以物理学命名、具有大学水平的教科书，还编著了中国第一本中学物理课本，主持编印了《物理学语汇》，为近代物理学在中国的传播做出了重要贡献。在这个声名显赫的家族中，不仅王季烈一辈的兄弟姐妹中有王季同（号小徐）、王季点、王季绪、王季玉等科技专家、教育家，下一辈中更涌现出王守竞、王守武、王守觉、王淑贞、何泽慧、何怡贞等一批我国科技界泰斗。

小资料（二）

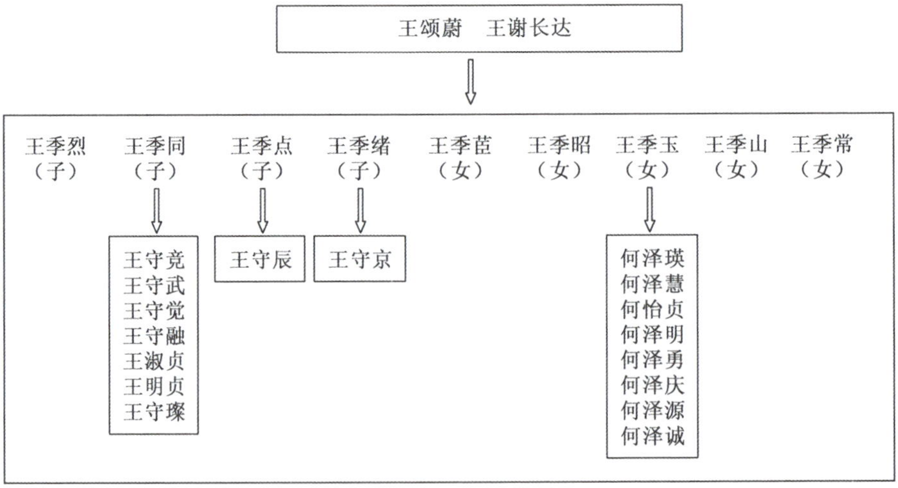

图 4-7　王颂蔚家庭图谱

小资料㊂

图 4–8　王颂蔚故居

想一想

本课中两位人物的爱国、爱家精神主要体现在哪些方面？

查一查

东山历史悠久，人文荟萃，爱国、爱家的名人辈出，如叶梦得、王颂蔚等，请你收集有关这些人物的故事，并做简要记录。

写一写

我们中学生如何用实际行动来培养自己的爱国、爱家精神？

5 钻天洞庭

本课导学

洞庭商帮是明清时期在苏州洞庭东山和西山形成的一个地域性商帮。从前，洞庭东、西山人若“不仕于京师，则散而商于四方，踪迹所至，殆遍天下”，到明末时，该商帮在社会上影响很大，已成为全国十大商帮之一，有“钻天洞庭”之称。那么，洞庭商帮兴起的原因究竟是什么？相信通过本章内容的学习，同学们一定会对这个问题有进一步的认识。

知识小贴士：明清十大商帮

明清时期，洞庭商帮和山西商帮、陕西商帮、山东商帮、福建商帮、徽州商帮、潮汕商帮、江右商帮、龙游商帮、宁波商帮合称为“明清十大商帮”，与这些商人集团一并称雄于中国商界。

研学：“钻天洞庭”的由来

明末冯梦龙在《醒世恒言》中描述：“两山之人，善于货殖，八方四路，去为商为贾，所以江湖上有个口号，叫作‘钻天洞庭’。”以至社会上流传有“遍地徽商，钻天洞庭”之说。

洞庭商帮形成的原因

明朝定鼎后，江南地区推行重赋政策，而洞庭东西山“土狭民稠”，“地无不耕之土，水无不网之波，山无不采之木石，而终不足以供人之用，因而为商为贾，奔走四方”（《吴县志》）。洞庭商人的活动地域十分广阔，《林屋民风》记载其“行贾遍郡国，滇南、西蜀，靡远不到”，甚至远渡海外。洞庭山人的从商活动早在北宋元丰年间就已开始。太湖周围是洞庭商人的发祥地，是他们最初的活动地域。洞庭山是著名的鱼米之乡、花果之山。洞庭商人在江南主要经营当地特产，辗转于苏州、南京、松江、嘉兴、湖州等地。明代中叶洞庭商帮开始形成，经营重心转向棉纱、丝绸、布匹、米粮以及粮食加工、刻书印书等业，其时，洞庭商人的经商范围已扩大到长江以北、运河沿线，并延伸到北方。

洞庭商帮的兴盛与转型

鸦片战争后，上海被辟为商埠，更多的洞庭商人意识到上海市场的潜力巨大，纷纷涌向上海。洞庭商人在上海经营的项目最有影响的是金融业，其次为丝巾、绸缎、纱布等业。

清末民初上海金融业主要是钱庄和银行业。上海钱庄甚多，其中与洞庭商人有关的有泰生、同昌、仁大、森和、协升、崇德、志庆、敦大、森康、鼎泰、馀大、庆成、鼎盛、鼎元、永丰、荣康、信康、庆祥、久源、正大、裕祥、庆大、顺康、慎益、聚兴、天成、惠丰等，它们或为洞庭商人所办，或由洞庭商人任经理。

外国资本侵入上海后，在沪有大小银行 36 家，其中 18 家银行买办是东山人，其中又以席姓为主，席正甫、席立功、席鹿笙祖孙三人担任英汇丰银行买办长达 55 年。东山席氏不仅在外国洋行当买办，而且还在中国人自办的大清银行、中国通商银行、交通银行、中国银行、大陆银行、中央银行、江苏银行及一些官营、民营的银行中出任经理、副经理、襄理和其他高级管理人员。还有不少洞庭商人成为外国洋行的买办，东山人在洋行中最具势力者，要数沈二园及其后人，他们担任沙逊洋行买办长达 35 年。

近代工业兴起之后，洞庭商人也积极兴办工商实体，其中最著名的要数“绒线大王”沈莱舟创办的恒源祥。此外还有叶明斋办的龙华制革厂、振华纱厂，席润身办的中国染织厂，叶振民办的大同橡胶厂等。

中华人民共和国成立后，东山商人逐步退出商业舞台，有一部分洞庭商人到中国香港或海外，继续经商并获得巨大成功，如香港著名实业家周文轩，他在港经营地产业、纺织业、建材业、食品和加工业，资产达到数十亿元。20 世纪 80 年代中期成立的吴县旅港同乡会的正副会长和名誉会长周文轩、邱功焕、席德元、严隽期等，都是东山籍旅港名商。

商帮精神——扬长避短，稳中求胜

东山人的经商活动，早在北宋元丰年间（1078—1085）就已开始，但真正成为一个商人集团，是在明中叶以后。东山大商人王惟贞，是王彦祥第三子，其一脉后来出了一个历明宪、孝、武三朝，官至内阁大学士的“山中宰相”王鏊。就是这个“山中宰相”的祖辈，深谙积著之术，善于理财，从而打下了王氏家业的基础。

每个东山人的心底似乎都曾埋下经商的种子。19 世纪后半叶，太平天国攻占南京、苏州等地，江南震荡，东西山人顿失经营的地盘和依托，于是群趋沪江。自是时起至 20 世纪前半叶，由于中国社会所发生的变化，国内的其他商帮大多衰落，而洞庭商帮却在上海滩实现了它的近代转型，纷纷占据外国洋行买办的职位。

审时度势，把握时机，这是聪明商人的做法，而洞庭商人就是这样的聪明商人。洞庭商人没有与徽商、晋商在盐业和典当经营上争夺市场，而是扬长避短、稳中求胜，利用家乡得天独厚的经商条件贩运起米粮和丝绸布匹。

他们还不断更新观念，开拓经营新局面，向外部世界发展。尤其是鸦片战争后，在作为金融中心的上海，洞庭商人利用自己的“钻天”之术，开辟了买办业、银行业、钱庄业等金融业务和丝绸、棉纱等实业。在新的历史背景下，从事着不同于以往的商业活动，由此，洞庭商帮产生了一批民族资本家。

洞庭商人十分讲究具体的经营手段，也非常注意市场信息，时常预测行情，在经商过程中，洞庭商人会根据市场行情与商品交换的情况变化而改变自己的经营策略，不拘于成见，只要有利就行。洞庭商人还会根据当地实际情况，比如商人资金和民风特点，因地制宜，采取独特的经营方式。

小资料

洞庭商帮中的望族

东山望族在洞庭商帮中扮演着重要的角色，尤以王氏、翁氏、席氏、叶氏、严氏、葛氏等为主。

王氏家族 王氏为东山望族，族内出现过不少有名的大商人，如明代正统年间王鏊的叔祖父王惟贞，自小历览江湖，深谙积著之术，故“江湖豪侠尊为客师，至今言善理财者，必曰惟贞公”。后又有王避庵旅京师十年，没过几年就攒下一份家业。王鏊的伯父王公荣景泰年间经商，经过十几年，事业大起。近代东山王氏中的王宪臣也是上海著名的大商人。

翁氏家族 东山翁氏随宋室南迁，世代为农，间营小商。到明中期七世孙翁毅和其子永福时，父子为商，家业开始兴旺，成为继王氏而起以山东临清为活动中心的经商家族。

席氏家族 翁氏衰落后崛起的是东山席氏。东山席氏的祖先是唐末因避黄巢之乱而由关中移家南迁的武卫将军席温。直到清中期将近千年，或以仕宦，或以经商分散四方，但留在东山的席姓子孙，仍然群萃州处，蔚为望族。直到道光年间，席氏依然名商辈出，而且活动地区仍在北方的运河沿线。

叶氏家族 叶氏世居东山蒋湾叶巷。其先公叶逵曾仕吴越国刑部侍郎，宋朝时，因有别业在洞庭而移居。六世孙叶梦得，宋徽宗时为翰林学士，高宗时为江东安抚制置大使兼知建康府，退老于莫厘峰下，叶氏从此成为东山一大望族，直到清朝，其后人仍环聚于太湖之滨。自宋至清，叶氏族大人多，经商者不断。

严氏家族 严氏在工商、金融等领域颇有建树，主要影响在钱庄。据《上海钱庄史料》记载：“从 19 世纪后半期到 20 世纪初，上海拥有四家钱庄以上的，有九大钱庄资本家家族集团，即镇海方家、镇海李家、苏州程家、慈溪董家、镇海叶家、湖州许家（与镇海叶家是亲家）、洞庭山严家、宁波秦家、洞庭山万家。”

葛氏家族 葛氏原来世居开封，建炎年间葛万五随高宗南渡，后居东山武峰下，拓基开壤，树桑艺谷，不到几十年便成为望族。

其他家族 东山刘氏、施氏、徐氏、万氏、金氏、朱氏等望族，也代有名商。

洞庭商帮的代表人物

叶振民（1903—1969），名承铎，东山旅沪、旅台著名实业家。东吴大学经济学系毕业。1921 年，受聘于中法银行，任经理，又兼任祖业鼎康钱庄常务董事，后创办上海大同实业。他曾五度出任洞庭东山旅沪同乡会会长，为同乡和乡亲办了许多公益事业，创导、编撰发行了一本资料丰富的读本《洞庭东山旅沪同乡会卅周年纪念特刊》。抗战胜利后，叶振民又全力支持洞庭东山各校同学联谊社创办《莫厘风》月刊。此外，他还积极支持同乡会青年创办业余文化补习班，建图书馆（室），成立歌咏队、乒乓球队等。1946 年间，同乡会青年活动室突然被上海新成区区长王剑锷派来的一名干事霸占，说要在此设办事处，还挂了一块名为“锷社”的牌子。叶振民得悉后，委请前国民政府行政院秘书长端木恺律师出面，赶走了锷社及其人员。1947 年 3 月 15 日，叶振民当选当时的吴县参议会议员之后，又积极为家乡东山修路、修堤岸、通电、通电话、办学校、建校舍等。

席正甫（1838—1904），名素贵，号正甫，东山人，旅沪著名金融家。清咸丰七年（1857）由哥哥席嘏卿带着一起赴沪习业，不久就自开一家钱庄，自行执事。1866 年，得舅父举荐去英商汇丰银行当跑楼。1874 年，清政府为福建海防借款 200 万两白银，时任汇丰银行买办的王槐山怕担风险不敢签约，由席正甫办理签约，为汇丰银行开创政治贷款的先例，也使该行摆脱财务窘境。李鸿章还特地上书朝廷，授予席正甫二品衔红顶花翎，使其成为名副其实的红顶商人。清同治十三年（1874）至清光绪十六年（1890），清政府向汇丰银行借款 17 笔，绝大多数由席正甫一手操办。从此席正甫在买办交椅上坐了 30 年，其子、其孙又接任了 25 年。席正甫有裕成、裕昆、裕光、裕美、裕奎五子，都任过银行买办；有德濬、德重、德懋、德炳四个孙子，德懋曾任华义银行买办、中国银行总经理，德炳曾任国民政府造币厂厂长，其余二孙亦为外商银行买办。

寻一寻

洞庭商帮的代表家族有哪些？他们分别从事什么行业？

洞庭商帮的代表人物				
姓 名	时 代	行 业	成 就	其 他

商帮精神对东山大族的影响

明代起，“钻天洞庭”便以一个商帮集团的形式出现在世人面前。民国初年，福建有个大学者傅衣凌教授，著了本《明代江苏洞庭商人》，将钻天洞庭商人集团置于晋商与徽商之间，说晋商是整个山西省，徽商是整个徽州地区，而“钻天洞庭”只是两个小乡，能与之并驾齐驱，真使人无法理解。至今，这个传奇仍在延续：目前东山镇已收集整理了东山明清两代商贾近千人资料，其中有影响的商人300多人。不仅如此，文商融合的洞庭商帮家族更延续了耕读诗礼之家的传统——东山近现代获高级职称的知识分子达400多人，其中任过博士生导师的教授32人，享受国务院特殊津贴的专家学者42人。这些教授大多在清华、北大、复旦、同济等国内著名大学教书育人，绝大部分是“钻天洞庭”的后代，其中祖上90%以上都经过商。

想一想

洞庭商帮精神为何能生生不息？洞庭商帮精神的精髓是什么？

小资料

新时期的洞庭商人——东山钣金与袁永刚

东山钣金

根据中国锻压协会统计，苏州东山精密制造股份有限公司（简称东山钣金）的精密钣金业务于2007—2008年连续两年在国内位于同行业第一位，目前为国内最大、综合竞争力最强的专业从事精密钣金制造服务的企业之一。公司经过近十年的发展，已经形成了包括产品结构研发、精密钣金制造、精密铸件制造、表面处理、精密组装、及时配送等在内的完整精密的制造服务体系。公司凭借强大的产品工艺研发能力、高效的柔性制造能力和良好的客户协作能力，为全球领先的通信设备制造商、新能源应用设备制造商、精密机床制造商提供精密钣金产品、精密铸件产品，以及相应的技术服务。公司在管理上坚持与市场接轨、与国际接轨，于2003年8月获得了ISO9001:2000质量管理体系认证，2009年3月3日通过ISO14001:2004环境体系认证，已形成从原材料采购、研发设计、模具开发、生产制造到成品配送一整套完整的质量控制体系。公司先后与世界知名的通信设备商如安德鲁、安弗施、波尔威，通信设备集成商如爱立信、华为，新能源应用设备制造商如SolFocus、阿海珐，精密机床制造商如沙迪克、阿奇夏米尔等建立了长期稳定的合作关系，并为其全球制造系统提供可靠的产品和专业服务。

公司是全球聚焦式太阳能发电领域领先企业SolFocus全球范围内唯一精密钣金组件供应商，也是其太阳能发电设备精密组装及测试服务提供商。2010年4月9日，东山钣金在深圳证券交易所上市。

袁永刚

袁永刚自1998年10月起历任东山钣金市场部部长、副经理、副董事长，现任东山钣金公司董事长。2017年7月，他兼任江苏省总商会副会长。

新时代东山商贾

随着各地商会组织风起云涌，由小农经济转型到金融业的洞庭商帮再度进入现代商人视野。继2010年东山席氏200余后人集资在东山雨花胜境修建祖先席温将军亭后，2012年7月21日，东山洞庭商帮后裔再度集聚在洞庭商帮传承人沈莱舟创始的恒源祥，解析洞庭商帮背后特有的文化脉络。

图5-1　席温将军亭

东山席氏后裔自筹资金建席温将军亭

2006年11月4日到11月5日，近百名席家族人从各地聚集于苏州东山，在两天的家族活动中，他们选举出了第一届理事会，并推举席兴荣先生担任理事长一职。

2010年4月，席氏苏州族人聚集东山，为席温将军亭竣工揭牌。

2011年5月，清明祭祖于东山雨花台胜境席温将军亭举行。

2012年4月14日，席家后人于苏州东山镇雨花胜境将军亭举行清明祭祖活动，并参观席温将军亭二期工程。

明代冯梦龙笔下的“话说两山之人，善于货殖，八方四路，去为商为贾，所以江湖上有个口号，叫作‘钻天洞庭’”，便是以席家左源公为蓝本。席家有记载的开山鼻祖为唐代的席温，因家世勋旧屡建奇功，累官至武卫上将军。后黄巢之乱，席温便弃官隐居于太湖洞庭东山，成为东山席氏的始祖。原来东山席氏建有将军坟、席宗祠、安定塔等诸多祭祖之地，但在各种历史浩劫中悉数被毁。在外发展的席氏后裔，回到祖地竟找不到一点祖先的遗迹。

2010 年，东山大族席氏在家乡雨花胜境建成始祖席温将军亭，140 多位席氏后裔从全国各地赶来，共同为始祖之亭揭幕。从此，席温将军亭成为海内外席氏后裔回乡认祖归宗的标志性建筑。将军亭所需的全部费用，由联谊会向席氏后裔筹集。与此同时，席氏后裔还继续在家乡雨花胜境新建席家博物馆和席家碑廊等，以此来弘扬家族文化，激励族人爱家爱乡，反哺家乡……“翁、席、刘、严”曾是洞庭东山显赫的四大望族，连同“金、朱、陆、叶，周、吴、郑、王”组成东山十二大姓，东山能形成如此深厚的历史文化底蕴，绕不过当地人民的贡献。同时这些家族文化，也是最具本地特色的人文风情和旅游元素。

“走遍全国各地，还是俺伲东山最好！”

“钻天洞庭”商帮的后裔们一见面，就热络地说起了家乡话，按着辈分相互“打趣”。已是 85 岁高龄的严孝修是东山严氏一族后裔，早年参加革命，是享受国务院特殊津贴的金融专家，曾担任上海交行、建行常务副行长。虽然生在上海养在上海，但是一张口却满是地道的家乡话。“从小时候开始，阿婆阿爹就天天唠叨苏州东山的老家，虽然从来没去过，但是镇上有哪些老街哪些建筑都深深地印到脑海里，第一次去到东山就样样都熟悉。”

与洞庭商帮在经济上的地位相提并论的另一个显著现象，则是洞庭商帮家族后代的诗礼传家。明清两代，东山出了 56 名进士，其中 2 名状元，1 名探花，从历史资料来分析，东山进士家属或本人 90% 以上经过商，他们始为农家，后外出经商积聚了资金，供子弟读书，又通过科举进入上流社会。即便是现代，东山人诗礼传家之风仍不变，获高级职称的知识分子有 400 多人。

到底是什么样的原因让这些家族千百年来始终重视诗礼，人才辈出？

翁世荣是东山翁氏一族的后裔，现为著名文学艺术家，出版过 10 部电影剧本和文学小说，为上海大学原文学院院长、教授。翁世荣说，翁姓为东山第一大姓，更是洞庭商帮的“祖师爷”，翻查东山家谱时，他印象最深的便是随处可见的家训格言，诸如“一念之善，吉祥随之。一念之恶，厉鬼随之。”“至乐莫如读书，至要莫如教子，富时不俭贫时悔，闲时不学用时悔，安不将息病时悔……”这说明，东山的商人并不仅仅会经商，更注重对家族子孙的教育。

同样，在东山席氏一族后裔席时珞的印象中，洞庭席家的历史上，先祖席温的第二十七世孙席洙就曾撰写过一部叫《居家杂仪》的书，提出了重读书、重经营的观念——不去科场，即去商场；不能读书，就去经营。而席时珞更将东山洞庭商帮的成功之道总结为四点：首先是吃苦耐劳，天道酬勤；其次为文商融合，从商的同时更注重子女教育和文化的积淀；再次为关心家乡建设，修桥铺路等公益事业一直不断。“不单做生意，洞庭商帮的先人们从事的更多是文化生意，经商、写书、立家训……大商人重视子孙文化教育，要培养能读书的高学历高智商人才。”正是这些特质让洞庭商帮名列中国十大商帮，而又与其他商帮有着本质区别。

树立“文化标签”迫在眉睫

恒源祥集团的创始人沈莱舟是清朝末期、民国初期洞庭商帮在上海的传承人之一，他的老家在东山漾桥头通德里。沈莱舟是著名的东山旅沪民族工商业者。19 世纪 30 年代，面对洋绒冲击上海市场的局面，沈莱舟抱着实业救国的心态，创立了中国人自己的毛纺品牌，被誉为我国的绒线大王。中华人民共和国成立后，通德里沈氏家族大多已迁至上海。如今恒源祥集团在继承沈莱舟经营理念的同时，更坚持回报社会、服务桑梓的优良传统，成为中国百强企业之一。

陈忠伟是恒源祥集团有限公司的总经理，他说如今来自东山大家族的洞庭商帮文化深深地融入了企业的血液了。“举最简单的例子说明，沈莱舟喜欢的收藏和公益，在现在新一代企业领导人身上获得了完整的传承——收藏是对传统文化的一种积淀，而慈善则是一种社会责任。”陈忠伟说，相对于晋商、徽商对于商业制度建设上的作用来说，洞庭商帮更重要的价值则在于从商的同时不抛弃文化价值体系，诸如至今仍保存完好的 38 部家训。在文化的熏陶下，洞庭商帮的后代人才辈出，这样的人文精神即便放在今天仍具有突出的借鉴意义。

相较于老一辈“商帮”传人对东山的浓厚感情，年轻一代对故乡的情感则日渐淡漠，这也成了令人担忧的一种状态。叶氏后人叶海磬的孙子一个在美国一个在澳大利亚，“国外去了几年才回来一趟，对东山祖籍地到底还有多少感情？”着急的老人只能把家里的情况写在纸条上，存在电脑里，让儿孙们时时温习。对于年轻一代，身为洞庭商帮后裔，我们除了在文字上能写下“祖籍东山”外，还能找到什么关联？今年39岁的席时雍是年轻一代洞庭商帮后裔的代表，让他感到心急的是，随着城市化进程加快，祖辈们留下的东西日益稀少，他越来越不知道还能跟自己的后代讲些什么。为了能给席家子孙留些回家的理由，在席氏家族联谊会的努力下，纪念席家始祖席温的将军亭于2010年竣工，当离开苏州多年遍居世界各地的席氏后裔纷纷认祖归宗时，那种仪式感才让后人找到了血脉相承的归属感。席氏率其他家族之先，在家乡新建将军亭，由一个氏族出资建设一个景点，对于东山还是首次。“洞庭商帮有着丰富的精神内涵和当代价值，这样的文化标签正是我们迫切需要的一种人文精神。”东山镇相关负责人表示，把东山极富魅力的氏族文化加以挖掘延伸，引入到旅游开发的同时，也将为洞庭商帮血脉延续建起新的纽带。

来源：苏州新闻网

2012-7-21

补充阅读

全新的商业模式——电商

2016年9月，东山电商产业园正式启用，成为全国首届“互联网+”现代农业暨新农民创业创新大会指定参观现场。电商园肩负着构建“无二次”批发环节的农产品流通模式，解决农民“卖贱”，居民“买贵”的问题，解决农产品质量安全问题三大使命，以农产品电子商务为工作重点，主要为农产品提供B2B大宗交易、B2C零售交易、O2O在线交易等多种交易方式，以及咨询培训、支付结算、冷链物流、质量认证和产地追溯等服务。目前，电商园拥有注册公司45家，注册资金7 000万元，入驻实体店60家。一年来，电商园的销售收入达1.3亿元。

东山电商产业园的建立，带动了东山镇农产品传统销售模式的转型升级。2017年，东山白沙枇杷迎来特大年，不过枇杷非但没有滞销，反而一果难求，以生鲜快递发往全国的枇杷订单数量为45万单，发货量达1 150吨，占全镇枇杷总产量的23%。最终，在电商园的推动下，东山枇杷销售季提前一周结束。随后，攻克了冷链物流难题的电商园在杨梅季同样出彩，杨梅网销量达 3 万单，共计 75 吨。2017 年的“双 11”，东山电商园迎来了首秀，单日销售大闸蟹、碧螺春茶叶等本地特色农产品 2 万单，交易额 300 多万元。东山镇的优质农副产品插上了互联网的翅膀，飞到了新疆伊犁、内蒙古呼和浩特、海南三亚、黑龙江齐齐哈尔……

近年来，东山镇聚力发展电商产业，通过建设电商产业园，出台《促进东山镇电子商务加快发展的政策意见》，积极向上争取资金政策，举办各类咨询培训活动等，多措并举助推“三农”发展。

议一议

洞庭商帮精神在新时期有什么传承、发展和创新？

6 文艺英才

本课导学

东山名人中，除了历朝历代的状元及近现代的科学家，在文学和艺术界还出现了像严庆澍、万馥香、陆澹安、吴茵、席臻贯等近现代的文艺英才。作家严庆澍的《金陵春梦》是20世纪五六十年代风靡海内外的小说；演员万馥香的“江姐”形象在当时可谓家喻户晓。另有陆澹安的侦探小说，吴茵的“东方第一老太婆”形象，席臻贯对25首唐乐的“攻破”……他们所取得的非凡成就，在当时社会上所产生的巨大影响，无不彰显着东山这块宝地的魅力。

对于东山能走出这么多声名卓著的文艺英才，你作为东山人，有何感想？

严庆澍与《金陵春梦》

严庆澍（1919—1981），苏州东山人，知名作家，《金陵春梦》作者，笔名唐人。

少年严庆澍在家乡东山读完中学后，前往上海谋生。在上海打拼的时期，严庆澍当过《申报》报馆的校对实习生，也曾去明星影业公司当布景员。天天累个半死也未熬出头来，但严庆澍并不沮丧，坚信“天生我材必有用”。1949年严庆澍到香港，在香港《新晚报》工作，开始长篇章回体历史小说

《金陵春梦》的创作。他留心收集报刊资料，特别是南京的情况，每有到南京采访的机会，他便特别兴奋。他跑遍了南京城南的古街老巷和城西宁海路一带的民国高档住宅区，寻访了不少知名人物，收集到许多创作素材，还成天泡在香港的图书馆，翻阅了大量资料。应当说，他取得成功主要还是得力于过去十几年来的积累和丰富的阅历。

严庆澍以丰富真实的笔触，有声有色地描写了中国近现代史上重要的人物事件。作者完成这部八卷长篇小说后，香港的刊物纷纷登载。上海文化出版社仅“内部发行”就先后印刷五次，发行量达200余万册，但仍难以满足读者的要求。《金陵春梦》称得上是一部读者众多、影响力大的历史小说。

图6-1　严庆澍

图6-2　严庆澍的部分著作

小资料

严庆澍十分勤奋，30多年里先后写出七八十部小说和戏剧、电影剧本，共1 000余万字。除了成名作《金陵春梦》外，其续篇《草山残梦》也有300万字。

严庆澍曾在成都燕京大学新闻系半工半读。那两年里，一到寒暑假，严庆澍便去重庆，住在英国路透社办公楼附近一友人寓所，帮他抄资料，打印文稿。友人待他很好，不但经济上给予接济，还给他提供了一些国民党军政界的资料。抗日战争胜利后严庆澍曾在上海《大公报》当记者，后改任副刊编辑，有了稳定的收入。1949年，严庆澍又转到香港《大公报》任编辑部副主任。

1949年后，有一位蒋介石的侍卫官退休来到香港，给严庆澍写下几页他了解到的有关蒋介石的情况，如生活习惯、个性特点、人际交往等。凭借这些资料，严庆澍获得了灵感，创作了《金陵春梦》。

他写于20世纪70年代初的《蒋后主秘录》，署名“今屋奎一”，则显出其幽默感，原因是日本有个右翼记者兼作家古屋奎二，曾在20世纪60年代多次赴台北采访蒋介石，并整理出《蒋介石秘录》（约60万字），在《产经新闻》连载，内容多有美化蒋氏之处，受到海内外进步舆论的批评。严庆澍遂在出版《蒋后主秘录》时有意署上个日本式笔名“今屋奎一”，含有讥诮奚落古屋奎二之意，严庆澍认为任何作家都不应歪曲和篡改历史。晚年，他体弱多病，但仍坚持写作。

谈一谈

严庆澍忠于史实，勤奋写作的事迹对你有何启发？

“江姐”万馥香

1941年7月，万馥香出生在江苏省苏州市东山镇。她自幼便失去了父亲，家中仅有母亲、弟弟和她三人。万馥香从小就爱唱爱跳，活泼天真。1958年，万馥香初中毕业，考入苏州市卫生学校，后来意外被苏州市戏曲学校选中。1960年，她从苏州市戏曲学校毕业后，在苏州地区歌舞团当演员，曾担任演员队队长。这一时期，万馥香先后主演过黄梅戏《女驸马》，锡剧《白蛇传》，歌剧《三月三》《红霞》《红珊瑚》等。

1962年10月，已在解放军空政文工团工作，年仅22岁的万馥香，被选定为歌剧《江姐》中主角江姐的扮演者，从1964年10月至1966年秋季，万馥香主演《江姐》300多场，受到毛泽东、周恩来等党和国家领导人的接见。歌剧《江姐》一上演便在当时的社会上引起了强烈的反响。它与歌剧《洪湖赤卫队》一起掀起了中国歌剧史上的第二次高潮。而歌剧《江姐》中女主人公江姐这一角色的形象堪称当时的“红色经典”。她被空军政治部评为业务能手，并被授予少尉军衔。

图 6–3 《江姐》剧照

小资料

万馥香 20 岁时在学唱苏州评弹。当时任解放军空政文工团总团政委的陆友到苏州市观看了一次评弹，看了万馥香的演出，便认定她是一棵难得的好苗子，就有心把万馥香调到空政文工团去。但万馥香单位的领导不同意，说万馥香的养父有严重的历史问题。

半年后万馥香所在的苏州地区歌舞团解散，万馥香被分配到苏州市锡剧团。她拿到介绍信和自己的档案后，没有到苏州市锡剧团报到，而是买了一张火车票，独自一人登上了开往北京的火车。她报考了解放军空政文工团，并顺利地被录取了。

后来，万馥香饰演了《红楼梦》中的王熙凤、《昭君公主》中的王昭君、《东海传奇》中的蔡女等，还在电视连续剧《西游记》中饰演了王母娘娘。她曾为电影《月光下的小溪》《山花在呼唤》《荒庙里的爱》等配唱主题歌，为中央电视台“正大综艺”等节目、全国第四届农民歌手大奖赛等活动担任评委。

图 6–4 《西游记》中王母娘娘剧照

陆澹安与武侠侦探小说

陆澹安（1894—1980），中国最早的武侠小说、侦探小说创作者之一。原为东山杨湾老宅明志堂主人，明志堂之名源自诸葛亮的“淡泊明志”。陆澹安原名陆衍文，澹庵为其字，别号琼华馆主、江东陆郎等。陆澹安一生治学，涉猎甚广，新旧文学兼治，且著译作品很多，有近千万言。

他早年从事教育，当过校长，还做过编辑，写过小说，尤擅写侦探武侠小说，如《李飞探案》《落花流水》等；还研究过电影戏曲，曾和友人一起创办了中华电影学校和中华电影公司。陆澹安集写、编、导于一身，又擅写弹词，由他改写的《啼笑因缘》《秋海棠》弹词，一经传唱，即红遍江南……

中华人民共和国成立之后，陆澹安对金石文字、先秦诸子之说及戏曲、稗史、传奇等都有研究，先后以白话文形式编著出版了《水浒研究》《唐宋传奇》及《聊斋故事选》等。他编写的《小说词语汇释》和《戏曲词语汇释》，是阅读古典戏曲和小说的必备工具。

陆澹安一生淡泊自安，他潜心教书与著述，与世无争。

图 6–5　陆澹安照片与手迹

小资料

20 世纪初的上海滩，有一批专写“才子佳人”式文学作品的作家，被称为“鸳鸯蝴蝶派”，名气大的代表作家有包天笑、张恨水、秦瘦鸥等。也许正是由于陆澹安写通俗小说和弹词，加上他和所谓“鸳鸯蝴蝶派”作家多有往来，所以当时的评论家也将他归为“鸳鸯蝴蝶派”，他甚至还获得了“鸳鸯蝴蝶派三骑士”之一的雅号。对此，陆澹安先生虽不认可，但也一笑置之。20 世纪 60 年代，他有题《鸳鸯蝴蝶派研究资料》的两首诗，其一是：“蛮触事雄已可怜，漫劳萁豆更相煎。即今高处不胜寒，愿作鸳鸯不羡仙。”其二为：“劫后神仙不值钱，而今鸡犬尽升天。何如幻梦成蝴蝶，消受庄生一觉眠。”其中“愿作鸳鸯不羡仙”，是他巧妙地借用初唐诗人卢照邻的名句，喻己甘为“鸳鸯蝴蝶”，而对所谓的“神仙”表示了不屑。

图 6–6　陆澹安与其书法作品

谈一谈

陆澹安的为人，有哪些令你钦佩的地方？

“东方第一老太婆”吴茵

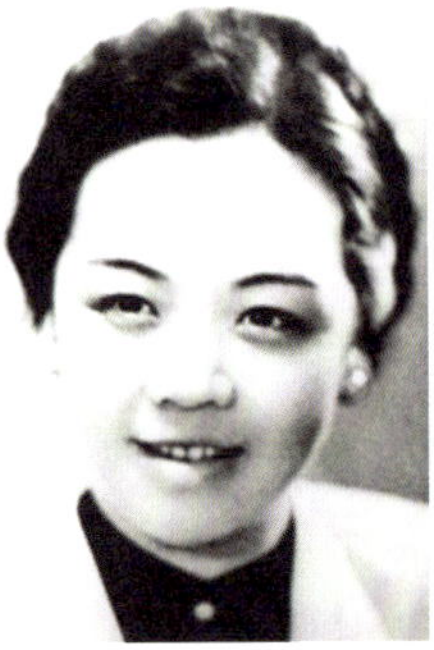

图 6–7　吴茵

吴茵（1909—1991），原名陆丽娜，艺名吴茵，东山西泾村人。

1924 年，吴茵考入上海景德女中，后入城东女校学国画。抗日战争前在联华、天一、明星等影片公司当演员。1934 年，她在参拍的第一部电影《新女性》中饰演一个小角色，获得了成功。从《新女性》开始，在几十年的电影生涯里，吴茵饰演了中国社会各个阶层、各种类型的中老年妇女角色，以善演“老太婆”而享誉影坛。吴茵塑造人物从生活出发，根据历史背景、社会环境、人物关系及内心世界，赋予角色不同的神态、动作和语言。同是女佣人，同是婆婆，通过她的演绎，就变得个性鲜明，能给观众留下深刻的印象。她一生努力，为中国影坛付出巨大的心血，也成为中国电影历程中的表演楷模。

抗日战争全面爆发后，吴茵参加了中共上海地下党组织的影人剧团，积极投身抗日救亡活动。参演《卢沟桥之战》《流民三千万》《汉奸》《黑地狱》等话剧。一年后，吴茵进入中国电影制片厂，饰演老舍话剧《残雾》中的老太太。后因在影片《大地回春》里饰演女管家戴妈妈，被导演应云卫称为“东方的曼丽匹克芙”。从此，吴茵有了“东方第一老太婆”的雅号。

抗日战争胜利后，吴茵进入昆仑影业公司。1946 年 9 月，吴茵随昆仑影业公司来东山拍摄电影《一江春水向东流》。后来，吴茵还参演了《八千里路云和月》《三毛流浪记》《乌鸦与麻雀》等进步影片。中华人民共和国成立后，吴茵当选为全国人民代表大会代表。1991 年 4 月，吴茵在上海病逝，享年 82 岁。中国电影表演艺术会授予吴茵特别荣誉奖。

图 6–8　电影剧照

小资料

吴茵早年身世坎坷。她的母亲是一个歌女，在吴茵出生后不久就把她送给了吴茵父亲的一个好友。吴茵成年后，她的母亲又反悔，把还在读书的吴茵要回来。吴茵做了几年的歌女，后来嫁入了一个封建家庭。一次偶然的机会，吴茵被导演蔡楚生看中，饰演了她人生中的第一个荧幕角色——《新女性》中的女校长。后来，她离开了家人，随同“上海影人剧团”在内地进行抗日宣传演出，曾经机智地搭救同伴白杨，使其免受当地恶势力的欺压，也经历过死里逃生的惊险。丰富的人生阅历，帮助她成功地塑造了一个又一个荧幕形象。从封建婚姻中出逃的吴茵，和进步影人孟君谋相爱结婚。她一生没有自己的孩子，但却给予孟君谋的孩子无私的爱！银幕上下，吴茵都倾尽心力塑造着令人尊敬的中国女性形象。

吴茵擅长扮演中老年妇女，以在《一江春水向东流》《万家灯火》中饰演的婆婆和《乌鸦与麻雀》中饰演的萧太太最负盛名。1957 年《乌鸦与麻雀》在文化部 1949—1955 年优秀影片评奖中获一等奖。晚年，她撰写了不少回忆往事和谈表演艺术的文章，集结成《回首忆当年》出版。

图 6–9　吴茵扮演的角色剧照

图 6–10　吴茵晚年形象

谈一谈

吴茵的表演艺术才华跟她的经历有很大的关系，对此你有何感悟？

敦煌古谱破译者——席臻贯

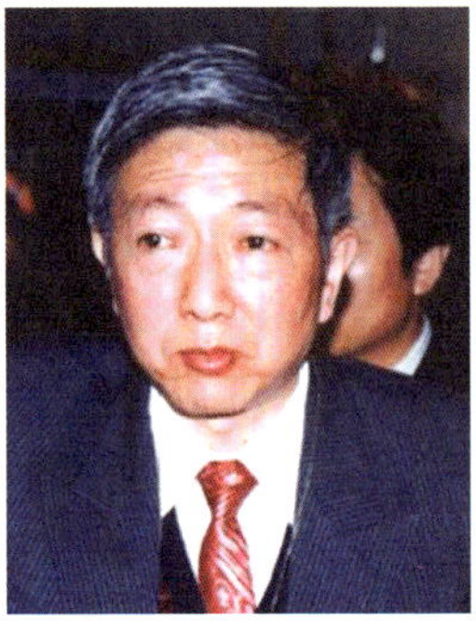

图 6–11　席臻贯

席臻贯（1941—1994），东山人，敦煌艺术剧院笛子乐师、甘肃省敦煌艺术剧院院长。1982 年，席臻贯随甘肃省歌舞团赴法国、意大利演出《丝路花雨》。在法国图书馆他亲睹编号为 P3308 号的卷子，这是五代时期一位乐人粘连成长卷的 25 首乐谱，是一份在“金刚经”背面写着世界最古老曲谱的珍贵卷子，因谱字难识，被称为“天书”。于是他每天白天带着干粮泡图书馆 7 ～ 8 小时，晚上演奏。回国后，又一头扎进甘肃省图书馆，花了两年时间抄录近 5 万字的资料和卡片，上百个笔记本，密密麻麻地抄满了中外与唐代曲谱相关的音乐、舞蹈、文学以及易经、卦卜等方面的珍贵资料。他潜心研究十年，独辟蹊径，将诗、乐、舞连为一体加以研究，发现唐代的音乐、舞蹈、诗歌是合而为一、三位一体的，音乐的节拍必须符合舞蹈的节拍和诗歌的节拍。他将 25 首唐乐从易到难一一攻破，于 1992 年完成了对敦煌古谱的重新解释，使千年绝唱重现人间！席臻贯出版发行了包括三盒录音带在内的学术著作《敦煌古乐——敦煌乐谱新译》，引起了学术界极大反响和重视。他的成果获中宣部、文化部颁发的“五个一工程奖”“文化奖”“特别奖”以及全国首届配书音带一等奖。

《敦煌古乐——敦煌乐谱新译》1993 年被评为国家“五个一工程奖”（优秀出版物），根据他的译谱编排的大型乐舞《敦煌古乐》被甘肃敦煌艺术剧院成功搬上舞台，亦成为备受中外观众喜爱的优秀剧目，获得中国文化部第五届“文华新剧目奖”和“挖掘古典音乐奖”。该剧自 1993 年上演以来，先后两次到香港、澳门等地区和韩国、日本等国家访问演出。尤其是 2001 年在日本 46 个城市的 70 多场巡回演出中，《敦煌古乐》赢得了国际社会的高度赞誉。

图 6–12　敦煌壁画

小资料

1994年10月，席臻贯因积劳成疾不幸逝世，享年53岁。

席臻贯去世后，《中华魂》剧组的同志来到席臻贯的家里，眼前的情形使他们大吃一惊。蜚声世界的敦煌学者、我国著名的音乐家席臻贯先生，竟然家徒四壁！没有彩电，没有冰箱，没有音响，甚至连一台电风扇也没有。一台小小的黑白电视机刺目地摆在破旧的桌子上……然而这个家庭又是富有的，十多个书架上摆满了人类的真正财富——各种珍稀的敦煌典籍和音乐资料。席臻贯先生的妻子龚仁兰告诉剧组的同志，为了购置这些书籍，他们家多年来几乎是顿顿清水面片子，大人小孩一律精瘦。老席抽烟不敢抽好的，房子是自己刷的，煤气罐是自己扛的，什么都省钱，唯有买书不省钱。这几万块钱的书，全是他们一家人从牙缝里抠出来的。剧组的同志们含着热泪拍下了这一切。尽管老席已经不在了，但那堆积如山的资料卡片，贴满了墙壁的仿唐乐器草图，为破译25首敦煌古乐所计算的数万个公式，以及镶着黑边的相框中那一双充满了智慧的大眼睛，不就是中华魂吗？

图6–13　席臻贯著作

谈一谈

席臻贯对敦煌古谱的钻研精神，对你如今的学习有何启迪？

访一访

从东山走出去的侦探小说家陆澹安，他的老宅明志堂在何处？请结伴访寻英才旧址。

查一查

1. 采访导游，了解吴茵在东山拍摄的影视作品，把了解到的影视片名写下来。

2. 上网搜索，了解更多有关这些文艺英才的事迹。

吴中区东山镇地方文化丛书

金惠华 总主编

美丽东山我的家

MEILI DONGSHAN WO DE JIA

第一册

金林海 主编

苏州大学出版社
Soochow University Press

图书在版编目(CIP)数据

美丽东山我的家. 第一册 / 金林海主编. —苏州:
苏州大学出版社,2019.5
(吴中区东山镇地方文化丛书 / 金惠华总主编)
ISBN 978-7-5672-2786-6

Ⅰ. ①美… Ⅱ. ①金… Ⅲ. ①苏州-概况-小学-乡
土教材 Ⅳ. ①G624.451

中国版本图书馆CIP数据核字(2019)第073054号

美丽东山我的家(第一册)
金林海　主编
责任编辑　李寿春
助理编辑　杨宇笛

苏州大学出版社出版发行
(地址:苏州市十梓街1号　邮编:215006)
苏州工业园区美柯乐制版印务有限责任公司印装
苏州工业园区东兴路7-1号　邮编:215021

开本718mm×1 000mm　1/16　印张23.25(共4册)　字数393千
2019年5月第1版　2019年5月第1次印刷
ISBN 978-7-5672-2786-6　定价:90.00元(共4册)

苏州大学版图书若有印装错误,本社负责调换
苏州大学出版社营销部　电话:0512-67481020
苏州大学出版社网址　http://www.sudapress.com
苏州大学出版社邮箱　sdcbs@suda.edu.cn

《吴中区东山镇地方文化丛书》

编委会

主　　任：徐雪棣　唐峥嵘　王雪峰

副 主 任：吾永康　张　炜　马群霞

委　　员：金惠华　沈艳芳　席时超　金本福　张　飞

　　　　　金曦东　夏冠军　吴金根　金林海　翁永明

编委会办公室

主　　任：马群霞

副 主 任：金惠华　沈艳芳

成　　员：金本福　金　煜　张金如　张玉军　许学田

统　　稿：金本福　薛利华　叶新民

特约编审：高本大

摄　　影：计龙根　席时超

封面题字：金中浩

丛书总主编：金惠华

本书主编：金林海

副 主 编：许学田

编写人员：朱晓芳　李伟荣　杨燕芳　郑莉君

　　　　　袁月琴　殷月峰　盛　欢　杨荣华

序　言

东山，山环水绕，山清水秀。她，既有江南水乡的温柔，又有山区峰林的俊秀；她，集太湖山水的灵气与吴文化的神韵于一体……她所孕育的丰富的人文胜境、杰出的古今人物、精细富缛（rù）的明清建筑、远近闻名的鱼虾茶果等均享誉大江南北。

历经多年的发展，东山已成为名副其实的“中国历史文化名镇”“国家5A级旅游景区”“全国环境优美镇”“国家卫生镇”“中国碧螺春之乡”……

40年间，聪明勤劳的东山人持续传承地方优秀文化，不断奏响“立镇、兴镇、强镇”的新乐章。特别是党的十九大以来，东山人更是不忘初心、砥砺前行，在方方面面贡献出自己的力量。东山，正日益呈现其绚丽多彩的新姿态。

怀着让我们的后代更好地“知东山、识东山、爱东山、为东山”的愿望，我们专门组织东山镇历史文化研究会、东山中学、莫厘中学、东山实验小学、东山中心小学、东山镇社区教育中心，共同编写了这套《美丽东山我的家》地方文化丛书。

本套丛书共分四册。第一册基于“风景名胜、特色物产”，适用范围以小学1~3年级学生为主；第二册基于“古镇古村、民俗风情”，适用范围以小学4~6年级学生为主；第三册基于“名门望族、名人轶事”，适用范围以初中学生为主；第四册基于“传统工艺、大美东山”，适用范围以高中学生为主。

本套丛书，以全面的视角、翔实的素材、精练的语言，力图呈现一个历史悠久、风光秀丽、文化积淀深厚的东山。书稿图文并茂、语言通俗，力图使全镇中小学生都能按系列、有系统地学习地方文化。通过“边读边行”，使学生知乡、爱乡，长大为家乡东山增光添彩……

编　者

2018 年 10 月

目录

CONTENTS

一、风景名胜，享誉江南

1 紫金庵

知识窗

紫金庵（ān）又名金庵寺，始建于唐，距今已有1 300余年历史。它坐落在东山西坞（wù）村内。门口有两座造型很特别的石狮子。一眼望过去，似乎正调皮地扭转身子，望着你笑呢。

图1–1　紫金庵

图1–2　秋到紫金庵

图 1-3　佛教雕塑（一）

紫金庵中最为人们赞赏的是精美的佛教雕塑，尤其是南宋著名民间艺人雷潮夫妇所塑（sù）的16尊罗汉。这些罗汉神态生动，形貌（mào）各异。“长眉”罗汉慈（cí）眉善（shàn）目；“评酒”罗汉一副醉（zuì）态；“伏虎”罗汉虽然生得老态龙钟，然而脚边的猛虎却如温柔的小猫一样听话；“降龙”罗汉一副要降伏狞（níng）龙的样子；“钦（qīn）佩”罗汉手一摊，嘴一抿（mǐn），做出十分佩服“降龙”罗汉的表情；“藐（miǎo）视”罗汉虽表现出不屑（xiè）一顾的样子，却在偷偷地看龙是否真会被降服。

图 1-4　佛教雕塑（二）

图 1-5　佛教雕塑（三）

“天下罗汉两堂半”，其中的一堂就在紫金庵。

图 1-6　佛教雕塑（四）

图 1-7　慧眼

图 1-8　经盖

图 1-9　华盖

紫金庵还有三宝令人称绝：如来佛的慧眼、增长天王手中的经盖（gài）、观音菩萨（púsà）头上的华盖。

实践园

走一走

在爸爸妈妈的陪伴下，前往紫金庵，去观赏那里精美的雕塑艺术，试着填写下面的表格。

人　物	神　态	心　理	评　价

说一说

紫金庵被世人称为“天下罗汉两堂半”中的一堂，你知道另外“一堂半”在哪儿吗？那里有什么古迹呢？

2 启 园

知识窗

东山有一个远近闻名的私家花园，它的名字叫启园。因为这个园子的主人姓席，所以它又被称为席家花园。当年是为了迎候康熙（Kāngxī）皇帝而兴建，现已成为太湖风景名胜的主要景点之一。

图 1–10　启园风光（一）

启园，依山傍水，园中池塘水色清澈（chè），游鱼可数；太湖石砌（qì）成的环池假山，造型奇特，或坐或卧（wò），或立或蹲（dūn），姿态各异，生动逼真。20 多米的一条长廊，横贯（guàn）园中，使园林更显蜿蜒（wānyán）曲折、变化多端。

图 1–11　启园风光（二）

启园里有一个“四面厅”，厅堂飞檐（yán）高翘（qiào），古朴端庄。园内的一条小河上架有两座石桥。园内果树成林，林荫小道曲曲弯弯。园的东北角有一座假山，从假山洞入口绕道而上平台，左可见山峰果林，郁郁葱葱（yùyùcōngcōng）；右可见茫茫太湖，天水一色。

园内“康熙皇帝御（yù）码头”“古杨梅树”“柳毅井”被列为启园三宝。

实践园

填一填

你知道图中是启园的哪个景点吗？请填写。

______

______

______

拍一拍

和爸爸妈妈去启园游玩，拍下自己喜欢的景色。

3 雕花楼

知识窗

图 1–12　雕花楼实景（一）

图 1–13　雕花楼实景（二）

图 1–14　雕花楼实景（三）

小朋友，我们东山有一座闻名中外的雕(diāo)花大楼。它原名“春在楼”，也称雕刻大楼，被誉（yù）为“江南第一楼”。它是在上海做棉纱生意发了财的金锡（xī）之为孝敬母亲而建造的一座豪宅。

图 1–15　砖雕（一）

图 1–16　砖雕（二）

图 1–17　金雕

图 1–18　木雕（一）

图 1–19　木雕（二）

雕花大楼中最引人注目的就是各种雕刻，其中最著名的是砖（zhuān）雕、木雕、金雕和石雕。砖雕以门楼为主，分别雕着“八仙庆寿”“鹿十景”“郭子仪拜（bài）寿”等图案，两侧还雕着“尧（yáo）舜（shùn）禅（shàn）让”“文王访贤（xián）”等典故图案。前楼大厅是雕刻大楼的精华，所有梁、柱、窗、栅（zhà）无所不雕，无处不刻，精美极了。

图 1-20　彩色玻璃窗（一）

图 1-21　彩色玻璃窗（二）

看，雕花楼里的玻璃（bōli）窗户真漂亮，有红、黄、蓝、绿多种色彩。透过这些美丽的玻璃向外远眺（tiào）山谷田野，你会发现四季风光是多么迷人啊！

实践园

走一走

在老师带领下游赏雕花大楼，领略雕花大楼的雕刻艺术。

问一问

“郭子仪拜寿”“尧舜禅让”“文王访贤”分别讲的是什么典故？

访一访

开展“名人在雕花楼”专题采访活动，然后把你的收获写下来。

时　间	名　人	主要内容

4 雨花胜境

知识窗

东山是苏州延伸至太湖中的一个半岛，三面环水，景色秀丽。

雨花胜境是东山历史最悠久、风光最美丽、面积最大的旅游景区，是省级森林公园。

图 1-22　雨花胜境

“雨花”之名源于明代，那时候山坞中栽满桃树，每至春末，花瓣飘落，似花雨从天而降，“雨花”之名由此而生。景区内还保存有 20 多处唐、宋、元、明、清的名胜古迹，它是集自然风光和人文景观于一体的游览胜地。

图 1-23　雨花胜境大草坪（一）

图 1-24　雨花胜境大草坪（二）

进入雨花景区，从大草坪至雨花禅（chán）院，长达千米的山涧（jiàn）两岸，有 100 多棵名贵古木。

图 1–25　雨花胜境古木

图 1–26　雨花胜境草木

图 1–27　雨花胜境小路

实践园

贴一贴

你认识了哪几种古树？采集它们的树叶贴一贴！

写一写

假如你带小朋友们游览雨花胜境，该怎么介绍呢？写一写吧。

5 轩辕宫

知识窗

轩辕（Xuānyuán）宫，坐落在东山杨湾村，乃杨湾村杨湾庙正殿(diàn)。相传，它建于唐贞(zhēn)观二年(628)，元明时重修。最初，它是用来祭祀（jìsì）吴国大臣伍子胥（xū）的，因此古时候称胥王庙。民国时期，改名为轩辕宫。

图 1–28　轩辕宫

伍子胥（前 559—前 484)，春秋末期吴国大夫、军事家。

轩辕宫大殿是典型的元代建筑。它是东山现存历史最早、保存最完好的古建筑。它的建筑结构与苏州玄（xuán）妙观很相似，外观飞檐翘角，内殿楠木立柱，气势宏伟。宫中大殿安放着花岗石轩辕黄帝像。陈列室中明代画家文徵（zhēng）明的《东西两山图》和明代大学士王鏊（ào）的《洞庭两山赋（fù）》是吴中著名的石刻精品。

图 1–29　轩辕宫狮子

王鏊（1450—1524），明代名臣、文学家，吴县（今属苏州市）东山人，曾任户部尚书、文渊阁大学士。

轩辕宫内有一座青石雕刻成的“阴亭”，高 3.58 米，直径 2.5 米，呈六角柱形，就像一座密封的亭子。这是明代的叶时敬给自己妻子建造的独特而又精美的坟墓（fénmù）。

这座阴亭，就是一座巨大的石雕，六个侧面都有精美的石刻。建造者以刀代笔，以石作纸，雕刻出“祥云缥缈（piāomiǎo）鹤（hè）起飞”“相依齐放并蒂（dì）莲”“双狮喜崽（zǎi）滚绣球”等精美绝伦的图案。

图 1–30　阴亭（一）

图 1–31　阴亭（二）

实践园

读一读

洞庭两山赋（节选）

明 · 王鏊

东山起自莫厘，或腾（téng）或倚（yǐ），
若飞云旋飙（biāo），不知几千百折，
至长圻蜿蜒而西逝。
西山起自缥缈，或起或伏，
若惊鸿翥（zhù）凤，不知几千万落，
至渡渚（zhǔ）回翔而北折。

找一找

浏览相关网站，了解轩辕黄帝的传说，与同学交流有关信息。

6 明善堂

知识窗

明善堂位于东山杨湾镇上湾村，是一座建于明代后期的民宅，以砖石雕刻著称，有着高超的建筑技艺。东部主体建筑有大厅、花厅、住楼、书房和厢房，西侧有墙门、耳房、客堂及花园。

图 1–32　明善堂

进入门厅，一座精致的砖雕门楼出现在眼前，雕刻细腻精致，在江南地区明代建筑中享誉极高。南面门框正中的青石门楣上雕刻着“笔”和“锭”，寓意“必定高升”。

1–33　石雕

大厅正面高悬匾额“明善堂”，两根庭柱上的楹联为“积金积玉不如积书教子，宽田宽地莫若宽厚待人”。大厅后面一块青石门楣上刻有花鸟兽图，上刻祥云，下刻灵芝，寓意“天祥地灵”；左右两边各有喜鹊，表示“双喜临门”，左边的喜鹊栖息在梅树上，表示“喜上眉梢”；中间雕刻的鹿獾欢腾跳跃，寓意是“欢天喜地”。这幅雕刻图案生动形象，堪称石雕艺术中的精品。

实践园

填一填

两根庭柱上的楹联是："积金积玉不如积书教子，＿＿＿＿＿＿＿＿＿＿＿＿＿＿"。

上刻祥云，下刻灵芝，寓意"＿＿＿＿＿＿＿＿＿＿"。

左右两边各有喜鹊，表示"＿＿＿＿＿＿＿＿＿＿"。

试一试

如果你是小导游，你准备怎样向小伙伴介绍明善堂呢？

7 怀荫堂

知识窗

怀荫堂在东山杨湾镇上，原来是东山远近闻名的杨湾书场，现在是吴中区文物管理委员会公管房屋。怀荫堂的始建年代及当时房主的姓名均无记载。整个建筑布局极为紧凑，现有一进保存较完整的明代建筑，其中包括门楼、三间住宅楼和左右对称的厢屋等。

怀荫堂是一处典型的明代民居住宅，有两层，共11间，建筑面积200多平方米。它的整体建筑和木雕、砖雕颇具艺术特色，尤其是大门处的“霸王撑”代表了明代建筑的特色，十分罕见。

怀荫堂是一座较有特点的小型明代建筑，它的结构及梁架、斜撑等部件的做法，为研究明代苏南住宅建筑提供了不可多得的例证。2006年5月，怀荫堂被列为全国重点文物保护单位。

图 1–34　怀荫堂（一）

图 1–35　怀荫堂（二）

实践园

说一说

跟爸爸妈妈、爷爷奶奶说说东山的怀荫堂。

试一试

古迹是非常宝贵的历史文化遗产。作为小学生，我们能为保护古迹做些什么呢？请试着写下你的想法吧。

8 凝德堂

知识窗

凝德堂位于东山镇翁巷（xiàng）村花园弄东侧，是一座典型的明代晚期民居建筑。它精巧的木雕可代表吴地木雕的艺术水平。彩绘更使它享有“江南彩绘第一堂”之称。

全宅原规模非常大。主轴上有墙门、大厅、住楼，左右各有厢房或边楼，侧边有备弄、客厅、小楼、花园等建筑，今存门屋、二门和大厅三座建筑。

从一道拱门进去，就是凝德堂，一眼就能看到全国重点文物保护单位“东山民居（凝德堂）”标志碑，标志碑背面有凝德堂的简介。凝德堂东有一口古井，井栏圈四面呈馒头状鼓起，上面刻有花纹和文字，但文字位置偏下，井台上被后人抹了一层水泥，把字都涂没了，故几乎看不见。井水很清澈，至今仍能供人使用。

图 1–36　凝德堂拱门

图 1–37　凝德堂古井

凝德堂现有梁枋彩绘 88 幅，其中大厅 61 幅，仪门 18 幅，门厅 9 幅。大厅的梁、枋、桁、斗、山垫板等处都绘有彩绘。梁桁中间绘有包袱锦彩，其间绘制着各种大小式样不同的花朵和曲线，组成一幅幅精美的图案，裹挟在梁桁中间，被称为“苏式锦袱图案”。图案的纹样精细，线条柔和，寓意深刻，透露出浓郁的民俗风情和典雅的艺术美。

图 1–38　凝德堂

实践园

填一填

1. 东山有三座典型的古民居，它们分别是＿＿＿＿＿＿、＿＿＿＿＿＿、＿＿＿＿＿＿。

2. ＿＿＿＿＿＿有着“江南彩绘第一堂”之称。

写一写

与小伙伴一起前往凝德堂看一看，把看到的古迹拍一拍，试着把自己的感受写一写。

9 龙头山

知识窗

龙头山又叫葑山，位于东山南部，地处金湾村内，西近涧桥。龙头山的背脊连着梅林橘海，西、北、东三面群山连绵。在龙头山的南面，河塘一个连着一个，鱼池成百上千。龙头山的“十里荷香”为由来已久的著名景观，如今，民间的荷花节非常隆重。

图 1–39　龙头山

早春，走进龙头山，遍地的枇杷树和梅树，一望无际。漫步在山间小路上，一阵阵花香扑鼻而来，清新宜人。

图 1–40　荷塘

图 1-41　葑山寺（一）

每年农历六月二十四，当地的百姓会相约来到龙头山聚会，举办“荷花节”。

图 1-42　葑山寺（二）

龙头山上还有明代嘉靖年间建造的葑山禅院、十二生肖殿、城隍庙、伍大夫祠、蛇王殿、诉月楼以及明末清初抗倭名将路振飞祠等景物景观。

实践园

走一走

你去过葑山寺吗？你在里面找到了哪些景物景观呢？

______________　______________　______________

写一写

东山旅游公司将对龙头山进行旅游宣传，请你试着设计一条广告语。

10 余山岛

知识窗

余山岛是太湖中的一个小岛，与东山本岛隔湖相望，距离 1 千米左右，属于东山镇莫厘村，占地面积约 0.4 平方千米。全岛以花果种植业为主，主要出产碧螺春茶、枇杷、杨梅、橘子、板栗等特色农产品。

图 1-43　余山岛风光（一）

图 1-44　余山岛风光（二）

余山岛风景独特，环境优美，岛上植被丰富，地形多样，原始生态保护完好。各类珍贵树木，如榉树、柏树、银杏、榆树等遍布全岛，有千年榉树和千年银杏树各一棵。松鼠、画眉、野鸭等出没其间，极具野趣。一条步道蜿蜒曲折，连接东湾和西湾两个自然村落。村中有明代石龟、天池、复兴寺等景物。

图 1-45　余山岛风光（三）

实践园

想一想

图 1-46　余山岛特产

走一走

周末的时候，你可以随爸爸妈妈一起去余山岛看一看，亲自感受一下余山岛的秀丽风光，不要忘了尝尝当地的特产哟！

二、物产丰富，驰名中外

（一）花果飘香

1 碧螺春茶

知识窗

碧螺春，茶叶中的仙子。她精致，细腻（nì），形美色翠（cuì）。碧螺春茶闻名中外，是我国十大名茶之一。

图 2–1–1　碧螺春茶树

东山，栽种碧螺春已经有 1 000 多年历史，被誉为“中国碧螺春之乡”！

洞庭碧螺春由清朝康熙皇帝取名，这在全国是独一无二的。你知道康熙皇帝为什么给茶叶取这个名字吗？因为它采摘于春天，形状像螺，颜色碧绿。它种于果树之间，果花和山花的香味飘落到茶树的根、叶和嫩芽上，使茶叶饱含花果香味。

图 2–1–2　炒茶

图 2–1–3　茶园

实践园

查一查

图 2-1-4　碧螺风景区

碧螺春茶的名气越来越大了。许许多多的外国人都喜欢喝东山的碧螺春！

我们东山有一个村子，就叫“碧螺村”，你知道在什么地方吗？请动手查一查。

做一做

试着走访碧螺春茶产区，并向茶农学习如何采摘茶叶。

单芽

一叶一芽

两叶一芽

写一写

做茶有哪几个步骤，你了解吗？试着写下来吧。

2 白沙枇杷

知识窗

每年的 5 月下旬，东山小镇就变得特别热闹，山前山后、大街小巷可谓是车水马龙，大家都是为它而来的。它就是东山白沙枇杷！

图 2–1–5　白沙枇杷（一）

图 2–1–6　白沙枇杷（二）

图 2–1–7　白沙枇杷（三）

东山种植枇杷已有上千年的历史了。东山的白沙枇杷果肉洁白，皮薄汁多，肉质细嫩（nèn）晶莹（yíng），入口爽而不腻（nì），古时候就有“金银蜜罐（guàn）”之称。洞庭山是全国唯一的白沙枇杷产区，也是中国出产枇杷品质最好的地区之一。

枇杷不仅味道好，营养也相当丰富。据分析，其主要成分有糖类、蛋白质、脂肪、纤维素、果胶、胡萝卜素、鞣质、苹果酸（suān）、柠檬酸、钾（jiǎ）、磷（lín）、铁、钙（gài）以及维生素 A、维生素 B、维生素 C 等。其中胡萝卜素的含量在众多水果中居于前列。

实践园

写一写

白沙枇杷浑身是宝，你知道它身上有哪些宝贝吗？这些宝贝有什么作用呢？请试着写一写。

图 2-1-8　白沙枇杷（四）

____

____

____

画一画

试着画一画东山的白沙枇杷吧。

3 乌紫杨梅

知识窗

“杨梅为吴中佳品，味不减闽（mǐn）之荔枝。”东山著名的明朝大学士王鏊就是这么赞美自己家乡的特产的。你知道这是什么意思吗？意思是说：杨梅是我们苏州地区最美味的水果之一，它的味道一点都不比闽南的荔枝差。

图 2-1-9　杨梅树

杨梅每年农历三月开花，黄白相间的小花常在夜间开放，天明凋（diāo）谢。“夏至杨梅满山红”，每到6月中下旬，杨梅果实个大圆润、色泽乌紫、甜酸适口，大家都称东山杨梅为乌紫杨梅。

图 2-1-10　杨梅

一到杨梅成熟的时节，周边城市的人都会驱车赶往东山，人来人往，车水马龙，满山都是一波一波的城里人，他们带着孩子到乡下体验采摘杨梅的乐趣，真应了“酒香不怕巷子深”这句话。

为什么东山杨梅特别好吃呢？据果农介绍，东山种植杨梅，根本不用化肥，都靠腐（fǔ）叶供肥。东山没有化工厂，没有任何污染，所以产于东山的杨梅，当然是果中珍品啊！

杨梅一般生长在海拔50米以上的半山坡。杨梅树生长缓（huǎn）慢，在东山，百年以上的老杨梅树随处可见，树龄为三五百年的也不足为奇。启园斜坡上就有一棵很大的杨梅树，据说清朝康熙皇帝南巡至苏州时曾在这棵树下歇（xiē）息。

图 2-1-11　古杨梅树

实践园

想一想

你知道杨梅还能做成什么美味吗？

填一填

东山的乌紫杨梅特别好吃，是因为果农不使用________，当地没有________。

4 东山枣子

知识窗

图 2-1-12　三山岛

图 2-1-13　马眼枣

三山岛不仅风景优美，而且季季有果，是一个名副其实的“花果岛”。

“花果岛”上最有名的果子要数枣子了，它有一个特别的名字——马眼枣。

马眼枣，差不多有一个大拇指那么长，形状像马的眼睛。一般一棵马眼枣树要 10 年左右才能结果。由于受太湖水土的影响，三山岛上结出的枣子与东山其他地方的枣子相比，果粒大，水分多，口感好，大家都很喜欢吃。

岛上种植马眼枣的历史已近千年，全岛有树龄百年以上的古枣树 600 多棵，棵棵枝干苍虬，叶冠葱绿，色形如画。

马眼枣的小传说

传说一：有一个三山小伙子在外出经商时看中了一位湖南姑娘，想娶她为妻。湖南姑娘也很想嫁给这位如意郎君，但又对家乡父母留恋不舍。父母深知女儿心事，便对女儿说："你若远嫁姑苏三山岛，就把故乡的马眼枣树苗带几株过去，种在家院门前。以后思念家乡了，见到门前枣树，就像见到我们一样。"

传说二：马眼枣相传始于宋代，当年有近万名囚（qiú）徒被押解到三山岛挖凿（záo）太湖石，他们随身携带枣子沿途充饥，到三山岛后将枣核满山乱丢，马眼枣树便自然发芽生长，并逐渐在岛上"生根"。

图 2-1-14　马眼枣树

实践园

说一说

马眼枣在东山的____________。为什么称它为马眼枣呢？

拍一拍

和爸爸妈妈一起去三山岛，用相机留下美好的瞬间。

5 东山银杏

知识窗

图 2-1-15　银杏树

图 2-1-16　银杏果实（一）

图 2-1-17　银杏果实（二）

银杏全身都是宝，果子可作食品，也可入药，又是高级化妆品的原料。银杏树木质纹理光滑细腻，是制作高档家具、木模、雕刻和织布梭子的上好材料。

东山是银杏之乡，是我国五大银杏产地之一。山地斜坡、公路两旁、家前屋后，都有银杏园地。

银杏树一年四季变换风姿。春天，光秃秃的枝干上钻出一点一点的米绿，嫩芽悄悄绽放；夏天，树叶茂盛，遮（zhē）天蔽日，是纳凉消暑的绝佳处；秋天，累累硕果，沉甸甸地挂满枝头，银杏果采摘以后，树叶渐渐变黄，秋风吹来似翩翩黄蝶飞舞；冬天，飘下最后一片黄叶，银灰色的躯干昂（áng）然站立，迎着严寒风雪，坚韧（rèn）挺拔。

银杏被人称为公孙树。为什么叫它公孙树呢？那是因为它生长缓慢，一般一棵树种下去三四十年后才会大量结果，因此人们常说：公公种树，孙子收果。

在东山，百年以上的古银杏树很多，千年古银杏树也有不少，它们依然郁郁葱葱，生气勃勃。

图 2-1-18　银杏叶

实践园

想一想

你知道我们东山的千年银杏树都在哪些地方吗？

图 2-1-19　银杏树绘画作品

画一画

你最喜欢什么季节的银杏树？请你画一画。

填一填

银杏全身是宝，我知道，它可以____________，可以____________，还可以____________。

6 白毛板栗

猜一猜

爸爸穿刺衣，妈妈穿皮衣，宝宝穿毛衣。

——打一东山特产

小朋友，你们知道我是谁吗？对，我就是大名鼎（dǐng）鼎的东山板栗（lì），俗称栗子。

知识窗

图 2-1-20　栗子树

图 2-1-21　栗子

东山板栗一般靠嫁接繁殖(fánzhí),它生长在山坡或山脚下的果树林间。主要品种有油毛栗、稀刺（cì）毛栗、大毛栗、白毛栗、六月白、槎（chá）湾栗等。板栗树喜欢在湿润的环境中生长，素有“干枣湿栗”的说法。

实践园

连一连

请根据一年中板栗的生长情况，把下面的图和文字用直线连一连。

图 2-1-22

出壳

图 2-1-23

开花

图 2-1-24

采摘

栗子小档案

栗子开花时就像长条的毛毛虫，成熟时生长在有硬刺的外壳里，它的外形与小刺猬十分相像。白露过后，农民们开始采摘板栗。他们用细竹竿将板栗从树上敲下，先放在家里摊开来捂（wǔ）几天，然后用剪刀将它们一只只剪开，取出果实，每只刺壳内通常有 1~3 颗栗子。

尝一尝

小朋友们，美食来喽！赶快去尝一尝家乡美味吧！

图 2-1-25　栗子烧肉

图 2-1-26　糖炒栗子

写一写

在父母的指导下，用板栗做一道美食，并记录下制作过程。

拍一拍

用相机拍一拍你用栗子制作的美食。

7 金秋石榴

猜一猜

胖娃娃，最爱笑，笑红身子笑弯腰，
笑得大嘴合不上，露出满嘴红玛瑙。

——打一水果

知识窗

东山石榴

东山种植石榴的历史可以追溯到明代！

每年农历四五月，火红的石榴花盛开了，如一个个小喇（lǎ）叭，热闹极了。到了寒露（lù），石榴果实成熟，民间有“寒露三朝采石榴”的农谚。东山石榴品种有10多种，以水晶石榴为最佳。水晶石榴果形饱满，皮色黄白，略（lüè）透明，形似水晶，带红晕，籽粒大，核小，酸甜适中，为石榴之上品。

漫步在东山白沙、尚锦、含山等村的乡野果林间，除连片的枇杷树、茶树、杨梅树外，若幸运的话，你会看到几棵枝干虬（qiú）劲的百年老石榴树，它们古朴且非人工雕琢，自带一种沧桑美，犹如历经风雨洗礼的老者默默伫立，无声诉说着东山石榴的百年变迁史。石榴因其籽（zǐ）繁多，一籽一核，被人们视为吉祥果，有“顺溜”“多子”之意。

实践园

做一做

亲爱的同学们，让我们动动手，动动脑，亲手制作一张石榴名片吧！

图 2-1-27 东山石榴

石榴名片

____

____

____

学一学

石榴好吃，可是却很难剥，往往会弄得一手汁。到底该怎样用刀来剥石榴呢？教你一个小窍（qiào）门。

图 2-1-28 剥石榴的步骤

学会了吗？回家亲手剥一剥石榴，给家人尝一尝，并夸一夸自己吧！

8 洞庭红橘

知识窗

图 2-1-29　洞庭红橘树（一）

东山红橘早在唐代就被列为贡（gòng）品，已经有 1 000 多年的栽培历史了。

东山红橘有早红、料红等 10 多个品种。早红和料红是主打品种，表皮鲜红，含有丰富的维生素和适量的蛋白质、脂肪、矿物质，能增进食欲，帮助消化，是国内不可多得的红橘品种。

洞庭红橘一般在 11 月底 12 月初采摘，通常可以贮（zhù）藏到来年二三月间，贮藏时间越长，口感越好。其间正好历经新春佳节，所以东山人乃至苏州人喜欢在春节的时候，在家中放置（zhì）红橘果盘，寓意为生活红红火火。洞庭红橘还是喜庆的象征。在东山，不少人家结婚时，有两样果品不可或缺，一是甘蔗（gānzhe），一是红橘。甘蔗寓意节节高，而红橘颜色鲜艳，用来讨口彩，橘子带“子”，寓意“有子”。这就是苏州人的“红橘情结”。

图 2-1-30　洞庭红橘

实践园

问一问

我们的长辈都经历了红极一时的“红橘时代”。请爷爷奶奶们讲一讲种植红橘的小故事，并记录下来吧！

我们的记录（一）	我们的记录（二）

看一看

电视剧《橘子红了》营造出一种梦境，触动了许多人的心弦。请看一看这部剧并交流。

查一查

东山红橘产量达到峰值是在 1987 年，其栽培面积有 12 平方千米，年产量 54 万担。

20 世纪 90 年代东山镇调整产品结构，红橘种植面积减少，2000 年缩小到约 8.7 平方千米，年产量 1 万吨。

从“红极一时”的 12 平方千米大面积种植到如今的“瓜果飘零”，红橘产业的衰落是什么原因造成的呢？请从多种渠道找一找原因。

上网查找：

向家人求教：

我的想法：

图 2-1-31　洞庭红橘树（二）

从 2013 年起，东山镇投资 2 亿元建设总面积约 0.67 平方千米的生态保护林——万家生态林，设立红橘保护区，作为种质资源保护地，希望能恢复洞庭红橘产业，重现“橘子红了”的美丽景象。

拍一拍

课后，和小朋友一起用红橘摆一个水果拼盘，拍张照片留个纪念吧。

（二）鱼米之乡

1 太湖三白

知识窗

太湖水产资源丰富，地处太湖之滨的东山有丰富的美食资源，盛产白鱼、银鱼和白虾，并称为“太湖三白”，驰名中外。

图 2–2–1　帆船

白鱼体型扁长，全身遍布细鳞（lín），银光闪烁，它的嘴巴微微上翘，苏州民间称之为“翘嘴白鱼”。

图 2–2–2　白鱼

银鱼体长略圆，形如玉簪（zān），柔似无骨无肠，又细嫩透明，色泽似银，故称银鱼。

图 2–2–3　银鱼

太湖白虾，俗称“水晶虾”，外壳极薄，身体透明，晶莹如玉，隐（yǐn）约可见棕色斑纹，头上有须，两眼突出，尾部成叉形。太湖白虾肉嫩、味鲜，营养丰富。

图 2–2–4　白虾

实践园

尝一尝

“太湖三白”——白鱼、白虾、银鱼，是东山农家的招牌食材。下面的一道道美味一定勾起了你的食欲吧，请尝一尝！

图 2-2-5　银鱼炒蛋

图 2-2-6　盐水白虾

图 2-2-7　清蒸白鱼

图 2-2-8　银鱼炖蛋

做一做

在爸爸妈妈的指导下，以“太湖三白”为食材，选做一道美食与家人分享。

说一说

请与小伙伴们交流一下“太湖三白”（任选其一）的制作方法。

拍一拍

请将你制作的“太湖三白”美食拍下来。

看一看

观看“太湖三白”的捕捞过程，体会渔民的辛苦。

图 2-2-9　捕鱼

图 2-2-10　捕白鱼

2 太湖莼菜

知识窗

图 2-2-11　莼菜（一）

图 2-2-12　莼菜（二）

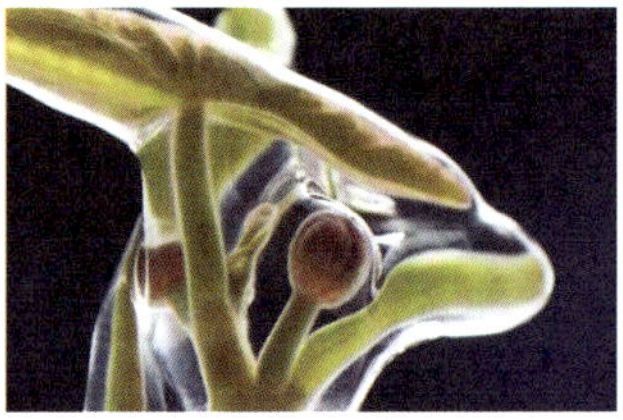

图 2-2-13　莼菜（三）

小朋友，你见过莼菜吗？它是东山的又一大特产，享有“水中碧螺春”的美誉。

每年 4 月到 10 月是太湖莼菜的采摘季。通常情况下，莼菜的叶片漂浮在水面上或悬浮在水中，呈椭圆形，正面深绿色，背面绛（jiàng）紫色，莼菜叶的背面会分泌一种类似琼脂的黏（nián）液，嫩叶的黏液更多，口感十分清爽。

图 2-2-14　莼菜（四）

图 2-2-15　莼菜（五）

图 2-2-16　莼菜（六）

食用莼菜要采摘还没有露出水面的嫩叶，又称“莼梭（suō）”，或炒或煮。莼菜润滑而不腻，爽口清香，鲜味独特，特别是煮汤，色香味俱佳，被誉为“菜中上品”。

图 2-2-17　莼菜炒虾仁

图 2-2-18　采莼菜

图 2-2-19　莼菜塘

太湖莼菜营养价值很高，还可以药用，有补血、润肺、健胃、止泻、消炎解毒等功能。

勤劳的东山人冒着风雨，顶着烈日，用勤劳的双手为人们捧出了舌尖上的美味。据统计，东山莼菜种植面积约 0.67 平方千米，产量达 1 000 吨。

3 太湖蟹

猜一猜

八只脚，抬面鼓，两把剪刀鼓前舞。
生来横行又霸道，嘴里爱把泡泡吐。

——打一动物

知识窗

图 2-2-20　太湖蟹绘画作品（一）

图 2-2-21　太湖蟹绘画作品（二）

我是太湖大闸蟹。别看我长得不怎么样，大家可喜欢我啦！我喜欢横着走，喜欢吐泡泡，还会叠罗汉呢。

认识太湖蟹

图 2-2-22　太湖蟹（一）

太湖蟹，生长于太湖水域，青背白肚，黄毛金钩，腹下有脐，雄尖雌团，内有硬毛。它个大体重，蟹黄肥厚，肉质细嫩，鲜香味美，历来被誉为蟹中之珍品。

太湖蟹有五大特征：青壳、白肚、金爪、黄毛、体壮。

图 2-2-23　太湖蟹（二）

实践园

看一看

查找相关资料，看一看太湖蟹的生长过程。

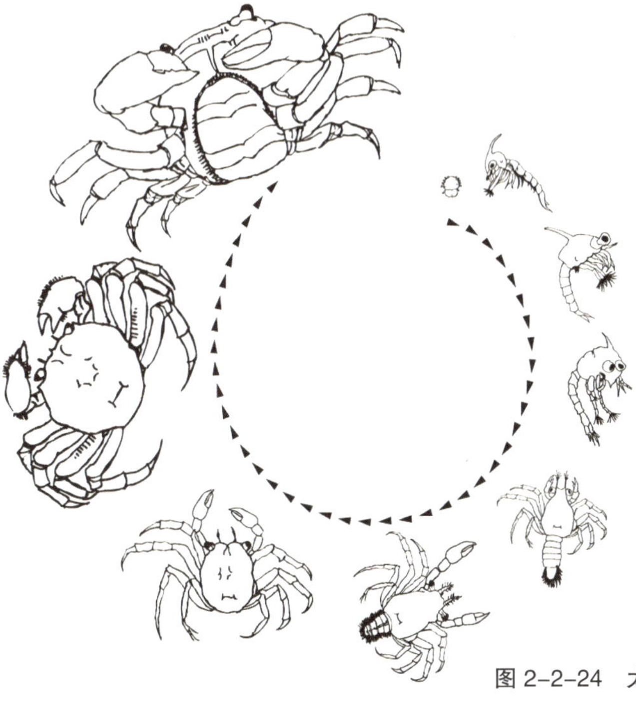

图 2-2-24　太湖蟹生长过程

查一查

养殖螃蟹，还要注意保护生态环境呀。小朋友们，我们来查一查太湖蟹的养殖情况吧！

图 2-2-25 太湖蟹养殖

图 2-2-26 捕蟹（一）

太湖的湖底有着丰富的淤泥与水藻，这给了太湖蟹很好的成长条件，所以它们格外个大肉紧、油足黄多。

图 2-2-27 捕蟹（二）

4 雪藕红菱

猜一猜

头戴大圆帽，身藏淤泥中；有丝不织绸，有洞不长虫。

——打一蔬（shū）菜名

知识窗

图 2-2-28　雪藕（一）

图 2-2-29　红菱花

图 2-2-30　红菱（一）

图 2-2-31　红菱（二）

图 2-2-32　采红菱

菱花，又叫月亮花，菱桶是采红菱的专用工具，外形像洗澡盆。

趴在菱桶里采红菱，看起来很简单，其实很不容易，稍不注意，菱桶就会侧翻。

实践园

尝一尝

图 2-2-34　焐熟藕

图 2-2-33　雪藕片

图 2-2-35　糖醋藕片

图 2-2-36　糯米藕

图 2-2-37　炒藕丝

我们东山的藕因为颜色洁白如雪，所以被称作雪藕。它可以做成很多菜品，像甜糯（nuò）的桂花糖藕、香脆(cuì)的糖醋藕片、清炒藕丝、藕片炖排骨等。藕中填上糯米就能做成软甜的糯米藕，东山人管它叫“焐(wù)熟藕”。小朋友们请尝一尝这些用藕做成的菜吧。

读一读

送人游吴

唐·杜荀鹤

君到姑苏见，人家尽枕河。
古宫闲地少，水港小桥多。
夜市卖菱藕，春船载绮罗。
遥知未眠月，乡思在渔歌。

拍一拍

小朋友，把用雪藕红菱做成的美味佳肴（yáo）拍一拍吧。

5 水八仙

知识窗

图 2-2-38 “八仙过海，各显神通”

小朋友们，你们一定听过“八仙过海”的故事吧。那你们听说过水中八仙吗？莼菜、芡（qiàn）实（鸡头米）、水芹（qín）、茭（jiāo）白、莲藕、菱（líng）、荸荠（bíqi）、慈姑（cígu），这八种水生植物被称为“水八仙”。今天我们就来认识一下吧。

图 2-2-39 水八仙

图 2-2-40　慈姑

慈姑长得像个胖娃娃，圆圆的脑袋上还竖着一条冲天小辫。

图 2-2-41　荸荠

荸荠，也叫“马蹄”，又叫“元宝”。荸荠可生吃，甜甜的，嫩嫩的。

图 2-2-42　水芹

图 2-2-43　茭白

实践园

认一认

图 2-2-44　水八仙插画

我认识了________、________、________、________……

尝一尝

小朋友们，来尝一尝下面的美食吧！

图 2-2-45　河塘小炒

图 2-2-46　莼菜汤

图 2-2-47　红菱（三）

图 2-2-48　雪藕（二）

（三）特色菜点

1 老烧鱼

知识窗

图 2-3-1　老烧鱼（一）

小朋友，浓油赤酱(jiàng)、咸（xián）甜可口的老烧鱼是我们东山人宴（yàn）席上常见的一道传统名菜。它也是过年时的一道必备菜品，寓意是吉祥如意，年年有余。

图 2-3-2　鱼干

图 2-3-3　鱼块

图 2-3-4　加料

图 2-3-5　老烧鱼（二）

老烧鱼的制作方法

1. 杀鱼，去除内脏。

2. 把鱼斩 (zhǎn) 成鱼块，抹上盐巴，腌 (yān) 制一天，稍微风干。

3. 将鱼块浸洗，晾干，放入油锅煎 (jiān) 炸。

4. 将炸好的鱼块加入料酒、葱末、姜 (jiāng) 末、酱油、白糖和清水，烧至汁稠 (chóu) 入味，将鱼块大翻身，淋上香油，装盘即成。

实践园

认一认

鲤鱼

银鱼

鳜鱼

花鲢

黑鱼

白鲢

塘鳢（lǐ）鱼

白鱼

昂刺鱼

鳊鱼

青鱼

图 2-3-6　太湖鱼

做一做

图 2-3-8　松鼠鳜鱼

图 2-3-7　鳜鱼汤

图 2-3-9　红烧鲫鱼

图 2-3-11　清蒸白鱼

图 2-3-10　银鱼球

你还吃过哪些美味的鱼呢？和妈妈一起用鱼做成美味佳肴，并用相机记录下来。

2 白切羊肉

知识窗

白切羊肉，也叫白煨（wēi）羊肉，是用东山地道的湖羊肉烧制而成的，是冬天里驱（qū）走寒气的美味。每年从9月中旬开始，羊肉的鲜香就飘遍了东山的大街小巷，直到春节结束。东山人冬天吃白切羊肉的习惯已有几百年的历史了。

图 2-3-12　白切羊肉

图 2-3-13　大名鼎鼎的东山湖羊

图 2-3-14　白切羊肉的制作过程

实践园

看一看

和爸爸妈妈去东山湖羊基（jī）地参观一下吧。

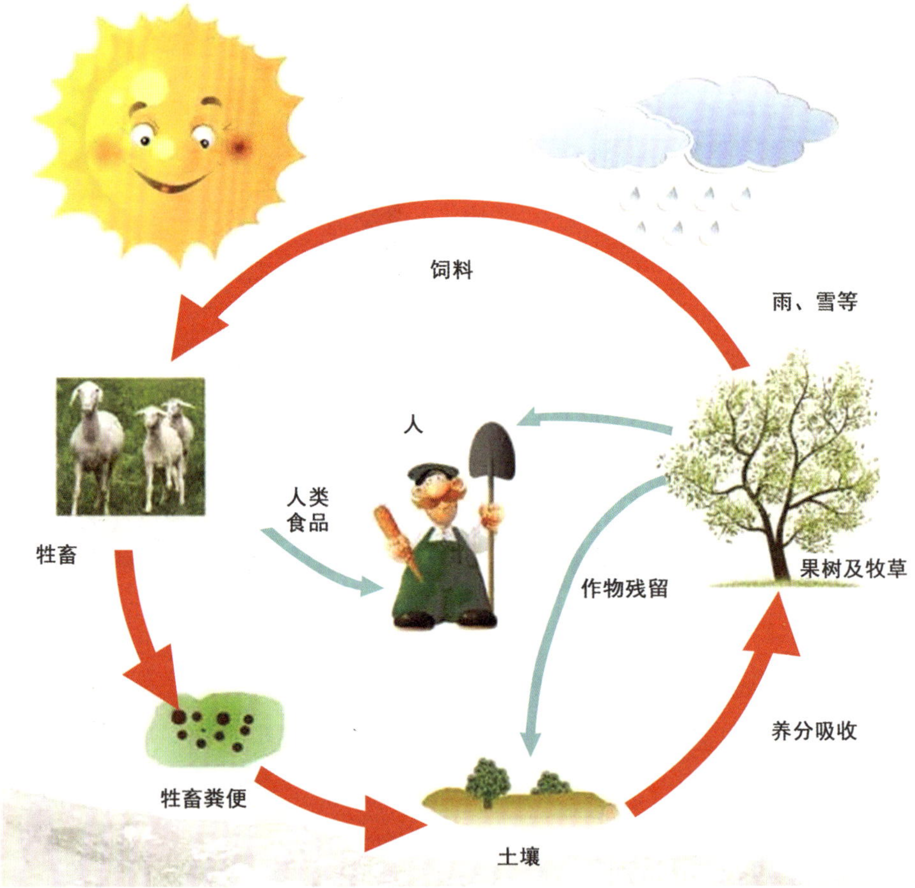

图 2-3-15　湖羊基地果牧农业循环示意图

说一说

图 2-3-17　白切羊肉

图 2-3-16　羊汤

图 2-3-18　红烧羊肉

图 2-3-19　羊肉制品

拍一拍

赶快拉上爸爸妈妈去品尝一下白切羊肉吧，可以留下你们的亲密合影哟！

3 蝴蝶塘片

猜一猜

"蝴蝶塘片"是什么?
"蝴蝶塘片"的主要食材是什么?

图 2-3-20　蝴蝶塘片

知识窗

小朋友们好！我叫塘鳢鱼，有人也叫我土鲃鱼、虎头鲨（shā）。我的体型短而壮，身体最长10厘米。我的头有点大，身体圆圆的，尾巴平平的。我很机灵，游泳速度也很快。

图 2-3-21　塘鳢鱼

蝴蝶塘片，是用塘鳢鱼烧制的东山时令菜肴，因形状像蝴蝶而得名。

每到农历三四月份，田野里油菜花盛开，这便是塘鳢鱼最为肥美的时候。

清代诗人袁枚说，塘鳢鱼"肉最松嫩。煎之，煮之，蒸之俱可。加腌芥作汤，作羹（gēng），尤鲜"。

蝴蝶塘片的做法

1. 将塘鳢鱼去鳞（lín），除去内脏，洗净。

2. 将锅置于旺火上，烧热放熟猪油，烧到四五成熟时，把塘鳢鱼放入油锅炸至白玉色，捞起鱼滤油，可见鱼片分开，中间皮尾相连如蝴蝶状。

3. 锅内留一点油，放入葱、香菇等食材翻炒，再放入鱼片翻炒一下，淋上麻油，出锅装盘即成。这样，一道色泽明亮、质地嫩滑、味鲜爽口的蝴蝶塘片便可以上桌了！

实践园

想一想

1. 袁枚介绍了塘鳢鱼的哪几种做法？
2. “蝴蝶塘片”属于哪一种做法？

做一做

当爸爸妈妈的小帮手，一起做一做“蝴蝶塘片”这道菜肴，一起尝一尝。

写一写

我的品尝感受：

4 菊花鱼

知识窗

菊花鱼是东山农家的一道名菜，曾在农家菜肴比赛中获嘉奖。

菊花鱼像什么？

菊花鱼宛如朵朵盛开的菊花，造型逼真，色泽鲜艳，香味诱人，吃起来外酥（sū）里嫩，酸甜爽口。许许多多的食客，只要来到东山，就一定会去农家品尝这一道美味。

烧制菊花鱼的主要食材是什么？

菊花鱼是用我们太湖中肥美的草鱼精心烹饪（pēngrèn）而成的。

图 2-3-22　菊花鱼（一）

图 2-3-23　菊花鱼（二）

什么是草鱼？

草鱼，肉嫩而不腻，含有维生素 B_1、维生素 B_2、烟酸、不饱和脂肪酸，以及钙、磷（lín）、铁、锌（xīn）、硒（xī）等营养成分，有开胃、保健的功效。

图 2-3-24　草鱼

菊花鱼的制作过程

1. 将草鱼去鳞去骨，留两边带皮的精肉，修整精肉后，切成几片连在一起的鱼片。

2. 将梳子形的长条鱼片卷起，让每朵“菊花”都沾满淀粉，下油锅炸成菊花形状，当它颜色变成金黄色时捞起。

3. 将用番茄酱、水、冰糖、白醋、盐、柠檬、山楂熬制成的糖醋汁浇在炸好的菊花鱼上。

图 2–3–25　鱼块

图 2–3–26　制作中的菊花鱼

实践园

做一做

当爸爸妈妈的小帮手，一起做一道菊花鱼，并摆一个自己喜爱且具有美感的造型，拍下来和同学一起欣赏、交流。

图 2–3–27　菊花鱼摆盘示例

5 碧螺虾仁

猜一猜

同学们，你们了解下面两样东山特产吗？

图 2-3-28　碧螺春茶叶

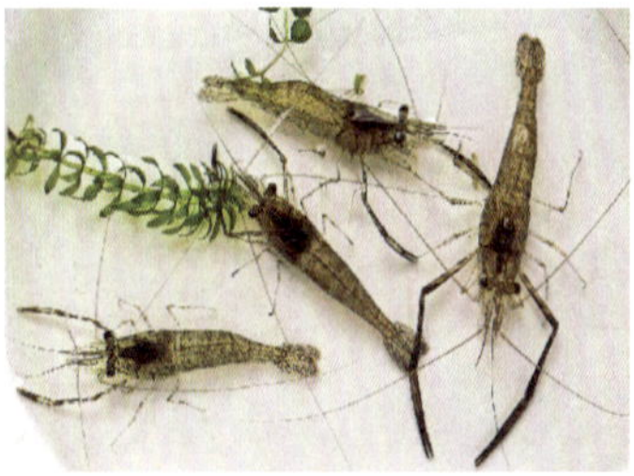

图 2-3-29　河虾

知识窗

碧螺虾仁，是我们东山的一道名菜，用东山上好的碧螺春茶与新鲜的虾仁精心炒制而成。它青白相间，清香可口，不仅有虾的鲜味，还有碧螺春茶的清香，口味别具一格。

图 2-3-30　碧螺虾仁（一）

碧螺虾仁中的虾仁是将新鲜太湖河虾去头、掐尾、剥壳取出的晶莹透亮的虾肉。太湖河虾肉嫩、味鲜，蛋白质含量高，还含有钙、磷、铁和维生素 A 等，营养非常丰富。

图 2-3-31　碧螺虾仁（二）

物产丰富　驰名中外

碧螺虾仁制作过程

1. 将虾仁洗干净，沥干放入碗内，加精盐、蛋清、干淀粉搅拌。

2. 另倒一杯开水，放入东山碧螺春，沏成一杯茶。

3. 将炒锅置旺火上烧热，倒入色拉油，烧至油温约 120 ℃时，放入虾仁，轻轻翻炒，直到虾仁呈乳白色，盛出。

4. 将虾仁倒回锅内，倒入刚泡的碧螺春茶水，翻炒几秒，出锅装入盘内，将茶叶点缀（zhuì）在虾仁旁。

图 2-3-32　碧螺虾仁（三）

图 2-3-33　碧螺虾仁（四）

实践园

拍一拍

当爸爸妈妈的小帮手，一起做一做“碧螺虾仁”这道菜肴，并摆一个自己喜爱且具有美感的造型，拍下照片，和同学们一起欣赏。

6 清蒸太湖蟹

太湖蟹是中国有名的淡水蟹，东山被誉为“中国太湖蟹之乡”。

瞧！太湖蟹多威武，举着两把大大的钳（qián）子，健壮的身躯，活像太湖中的“大将军”。

图 2-3-34　太湖蟹吐泡泡

知识窗

太湖蟹的食用时节

秋风起，菊花开，便是太湖蟹成熟上市的季节，也是食用太湖蟹的最佳时节。东山老百姓更有“九雌十雄”的说法，即农历九月的雌蟹、十月的雄蟹最为鲜美。九月吃蟹黄，十月吃蟹膏（gāo）。

太湖蟹的清蒸做法

将太湖蟹洗干净扎紧，放入蒸锅蒸熟就可以了。

蒸熟后，轻轻掰开蟹壳，便可见蟹黄、蟹膏和白嫩的蟹肉，配以葱、姜、糖、醋等调料，不等入口就已让人口水直流了。

图 2-3-35　捆扎太湖蟹

图 2-3-36　清蒸太湖蟹

太湖蟹的其他吃法

太湖蟹的传统吃法有清蒸、水煮、面拖、酒醉（zuì）、腌制等。取出蟹肉和蟹黄，还可以做蟹肉狮子头、蟹油水晶球、炒蟹粉、蟹粉豆腐、蟹粉小笼包等名菜名点。

图 2-3-37　太湖蟹的不同做法

蟹八件

专门的食蟹工具有剪、锤、斧、墩（dūn）、刮、叉、镊（niè）、匙 8 种，被称为“蟹八件”。

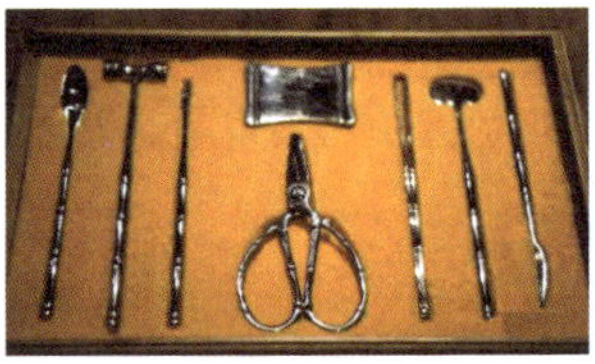

图 2-3-38　“蟹八件”

实践园

说一说

你知道吃螃蟹要注意些什么吗？

做一做

当爸爸妈妈的小帮手，一起做一做清蒸太湖蟹，并和家人一起尝一尝。有条件的话，学学使用“蟹八件”。

写一写

每年在太湖蟹成熟上市的时节，东山镇便会举办“太湖蟹文化节”，快来为太湖蟹写一则宣传标语吧！

拍一拍

拍下和家人吃蟹的幸福（xìngfú）时光吧！

7 绿豆饺

图 2-3-39　绿豆饺

知识窗

绿豆饺是我们东山的特色点心，深受人们的喜爱。

20 世纪 90 年代，人们经常能在东山老街的路边，看到摊主熟练地摊着绿豆饺，香味四溢，不管是大人还是小孩，都抵御不了这美味的诱惑。

绿豆中富含多种维生素、钙、磷、铁等物质，不仅有丰富的营养价值，还有非常好的药用价值，有“济世之良谷”的美誉。

图 2-3-40　绿豆

绿豆饺的制作方法

1. 先将绿豆磨成粗碎粒，加水浸泡，捞去豆壳，再将豆磨成糊状，放一点点盐。

2. 用小勺将绿豆糊舀（yǎo）入置在火上的平底锅中，锅中预先将适量食油熬熟，将绿豆糊在熟油中摊成薄饼。

3. 在摊好的薄饼中间放个煎好的荷包蛋，像蛋饺一样合起来，出锅即成。

实践园

做一做

当爸爸妈妈的小帮手，一起做一做绿豆饺，并给亲朋好友尝一尝，请他们点评一下，提提建议。

写一写

采访东山老阿婆、老阿爹，问问他们吃过的绿豆饺是什么滋味的，有没有相关的难忘经历。

8 藕丝饼

知识窗

大家好，我的名字叫莲藕！我的身子白白胖胖的。我从小生活在黑乎乎的淤(yū)泥里，农民伯伯很辛苦才把我挖出来。

图 2-3-41　莲藕

图 2-3-42　挖藕

藕，是生活中一种常见的蔬菜，既可以生吃，也可以做成菜。藕丝饼就是用藕做成的一道点心。

图 2-3-43　藕丝饼制作过程

藕丝饼的制作方法

藕丝饼的做法十分简单。

1. 先将新鲜的藕洗净去皮，切成细丝并放入水中漂洗。

2. 准备一个大些的碗，放入适量的面粉，如果想使口感更软糯，可以加入一些糯米粉，然后把沥干水的藕丝放入其中，最后再倒入适量清水，将面粉与藕丝充分搅拌成糊状，并加入适量的盐调味。

3. 准备一个平底锅，烧热后放少许油，舀(yǎo)一勺面糊入锅，小火开始煎，煎至两面金黄熟透就好了。要控制火候，可别煎焦了哟！

刚出锅的藕丝饼外脆里糯，好吃极了。

实践园

画一画

仔细观察莲藕的样子，把它画下来吧！

做一做

学着文中的方法，跟家人一起做一做好吃的藕丝饼吧！

9 牛舌头饼

知识窗

牛舌头饼是老东山人钟爱的一种糕点。因为它的样子和牛舌头特别像，所以人们给它起名为牛舌头饼。你可别以为这个饼是用牛舌头做的哟！相传，清朝咸丰年间，一个名叫陈福泰（tài）的御厨到东山隐居，与他一块儿在东山扎根的还有一些宫廷糕点秘方，其中便有牛舌头饼。

图 2-3-44　牛舌头饼材料

据一些老人回忆，中华人民共和国成立前东山一共有八家牛舌头饼店，家家生意都很红火。尤其到了每年的 4 月，清明扫墓（mù）、出游、庙会等活动连续不断，此时，如要买饼馈赠（kuìzèng）亲友，孝敬长辈，牛舌头饼都是当之无愧（kuì）的首选。虽然现在会做牛舌头饼的人越来越少了，但这种让众多东山人欲罢不能的老味道，一定会一代代传承（chéng）下去的。

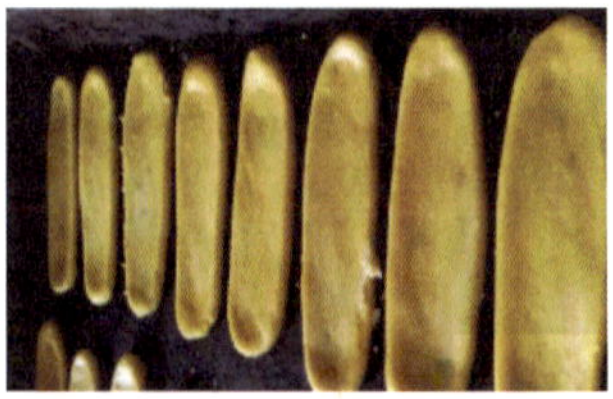

图 2–3–45　牛舌头饼（一）

图 2–3–46　牛舌头饼（二）

图 2–3–47　牛舌头饼（三）

实践园

拍一拍

去东山的大街小巷找一找手工制作牛舌头饼的店，并拍下照片吧！

尝一尝

尝尝牛舌头饼的味道，写下你的感受。

写一写

为家乡的牛舌头饼设计一条广告语，写在下面的横线上。

10 咸馅团子

知识窗

咸馅（xiàn）团子是东山春季的名点，俗称“踏（tà）脚团”。

古时候，如果谁家生了小孩，那户人家就会做“踏脚团”来送给周围的邻居。用“踏脚团”这个名字，一是希望出生的孩子能够平平安安地长大，健健康康地过一生；二是期望孩子做一个踏实（tāshí）的人。团子取名“踏脚团”，蕴（yùn）含了父母对子女最朴实的祝愿。

图 2-3-48 咸馅团子（一）

图 2-3-49 咸馅团子（二）

实践园

问一问

咸馅团子的馅料有很多种，问一问家里的长辈都有哪些，并记录下来。

拍一拍

找一家卖咸馅团子的小吃店，拍下你最喜欢的咸馅团子！

写一写

看一看妈妈是怎么制作咸馅团子的，并把做法写下来。

11 百果雪饺

知识窗

图 2-3-50　百果雪饺（一）

今天要给大家介绍的是我们东山久负盛名的“百果雪饺”。对它很熟悉吧？没错，雪饺是家家户户过年必备的年货，现在也成了办喜宴时必备的糕点。它有甜蜜吉祥的寓意。

雪饺是东山特有的点心，外面的皮是糯米粉做的，又白又薄，能隐隐看到红红的内里。雪饺因色白如雪，形似饺子，故而得名。

看一看

图 2-3-51　百果雪饺（二）

图 2-3-52　百果雪饺（三）

尝一尝

尝一尝这美味的百果雪饺！

做一做

上网查一查做百果雪饺所需要的食材，找个周末，和小伙伴们一起做一做百果雪饺吧！

12 白玉方糕

知识窗

到了农历的腊（là）月，东山的空气中就会弥（mí）漫着浓浓的“年味儿”，其中很多都是糕点的香气。走在清晨的小巷里，你会发现一种洁白如玉的方形糕点——白玉方糕。

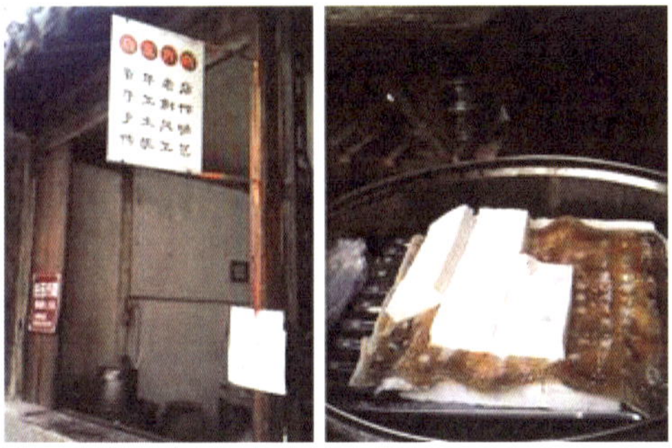

图 2-3-53　白玉方糕（一）

白玉方糕小故事

传说它的来历和戏曲《珍珠塔》中的主人公方卿（qīng）有关。方卿金榜（bǎng）题名，高升大官，回到家乡与陈彩娥（é）成亲，生儿育女，生活很幸福。方卿认为一切都是天意，于是在家乡盖了一座望天楼，每天登楼拜天，将糕作为供（gòng）品，糕也就成了他每天的早餐（cān）。厨（chú）师担心方卿天天吃糕会吃厌，就动脑筋（jīn）制作出多种糕点请方卿品尝。其中方卿最为喜爱的就是这白玉方糕。

实践园

认一认

看，白玉方糕上还有字呢！你认识几个？

图 2-3-54　白玉方糕（二）

走一走

利用周末时间，和爸爸妈妈去“廿（niàn）四弯”徒步，看看陆巷古村。

尝一尝

在陆巷古村的老街（jiē）巷里，住着一对老人家，一大早就能看到他们忙碌（lù）的身影。去和他们聊（liáo）聊天，并品尝一下他们所做的白玉方糕。

写一写

多么有意思的一趟（tàng）旅程（chéng）啊，快写下来珍藏吧！

吴中区东山镇地方文化丛书

金惠华 总主编

美丽东山我的家

MEILI DONGSHAN WO DE JIA

第四册

金曦东 主编

苏州大学出版社
Soochow University Press

图书在版编目（CIP）数据

美丽东山我的家. 第四册 / 金曦东主编. —苏州：苏州大学出版社，2019. 5
（吴中区东山镇地方文化丛书 / 金惠华总主编）
ISBN 978-7-5672-2786-6

Ⅰ. ①美… Ⅱ. ①金… Ⅲ. ①苏州－概况－高中－乡土教材 Ⅳ. ①G634. 591

中国版本图书馆 CIP 数据核字（2019）第 073101 号

美丽东山我的家（第四册）
金曦东　主编
责任编辑　李寿春
助理编辑　杨宇笛

苏州大学出版社出版发行
苏州工业园区美柯乐制版印务有限责任公司印装
苏州工业园区东兴路 7-1 号　邮编：215021

开本 718mm×1 000mm　1/16　印张 23. 25（共 4 册）　字数 393 千
2019 年 5 月第 1 版　2019 年 5 月第 1 次印刷
ISBN 978-7-5672-2786-6　定价：90. 00 元（共 4 册）

苏州大学版图书若有印装错误，本社负责调换
苏州大学出版社营销部　电话：0512-67481020
苏州大学出版社网址　http://www. sudapress. com
苏州大学出版社邮箱　sdcbs@ suda. edu. cn

《吴中区东山镇地方文化丛书》

编委会

主　　任：徐雪棣　唐峥嵘　王雪峰
副 主 任：吾永康　张　炜　马群霞
委　　员：金惠华　沈艳芳　席时超　金本福　张　飞
　　　　　金曦东　夏冠军　吴金根　金林海　翁永明

编委会办公室

主　　任：马群霞
副 主 任：金惠华　沈艳芳
成　　员：金本福　金　煜　张金如　张玉军　许学田

统　　稿：金本福　薛利华　叶新民
特约编审：高本大
摄　　影：计龙根　席时超
封面题字：金中浩

丛书总主编：金惠华
本书主编：金曦东
副 主 编：金　煜
编写人员：非以云　山世华　贺松黎

序　言

东山，山环水绕，山清水秀。她，既有江南水乡的温柔，又有山区峰林的俊秀；她，集太湖山水的灵气与吴文化的神韵于一体……她所孕育的丰富的人文胜境、杰出的古今人物、精细富缛（rù）的明清建筑、远近闻名的鱼虾茶果等均享誉大江南北。

历经多年的发展，东山已成为名副其实的"中国历史文化名镇""国家5A级旅游景区""全国环境优美镇""国家卫生镇""中国碧螺春之乡"……

40年间，聪明勤劳的东山人持续传承地方优秀文化，不断奏响"立镇、兴镇、强镇"的新乐章。特别是党的十九大以来，东山人更是不忘初心、砥砺前行，在方方面面贡献出自己的力量。东山，正日益呈现其绚丽多彩的新姿态。

怀着让我们的后代更好地"知东山、识东山、爱东山、为东山"的愿望，我们专门组织东山镇历史文化研究会、东山中学、莫厘中学、东山实验小学、东山中心小学、东山镇社区教育中心，共同编写了这套《美丽东山我的家》地方文化丛书。

本套丛书共分四册。第一册基于"风景名胜、特色物产"，适用范围以小学1~3年级学生为主；第二册基于"古镇古村、民俗风情"，适用范围以小学4~6年级学生为主；第三册基于"名门望族、名人轶事"，适用范围以初中学生为主；第四册基于"传统工艺、大美东山"，适用范围以高中学生为主。

本套丛书，以全面的视角、翔实的素材、精练的语言，力图呈现一个历史悠久、风光秀丽、文化积淀深厚的东山。书稿图文并茂、语言通俗，力图使全镇中小学生都能按系列、有系统地学习地方文化。通过“边读边行”，使学生知乡、爱乡，长大为家乡东山增光添彩……

编　者

2018 年 10 月

目录

CONTENTS

一 传统文化，精彩纷呈

二 大美东山，方兴未艾

一、传统文化，精彩纷呈

学习说明

“传统文化 精彩纷呈”部分一共12个专题，专题介绍前有整体概述，专题后有作业设计。

12个专题的内容建议安排8课时进行通读学习。通过通读学习，了解东山的传统文化。在此基础上，选择一个自己感兴趣的专题，以个体或小组方式进行深入学习研究，然后完成相关作业。完成学习、作业合格的学生可获得2个学分。

（一）概　述

东山，原称洞庭东山、东洞庭山，简称东山，古称“胥母山”，亦称“莫厘”，是江苏省苏州市吴中区的一个千年古镇，素有“花果山、鱼米乡”的美称。

东山距苏州市区 37 千米，自然条件优越。它是太湖东边的一座湖中半岛，三面临湖，一面与陆地相连，特殊的地理位置给予了东山丰富的资源，名优特产众多，可谓民丰物阜。春秋战国时期，东山就开始栽种茶果。除碧螺春茶之外，东山枇杷、杨梅和洞庭红橘同样全国有名。“太湖三白”——白鱼、白虾、银鱼及太湖蟹享誉江南，蜚声中外。太湖莼菜、东山湖羊等一批土特产也是全国闻名。众多的名优特产，使东山成为一个美食之乡。碧螺虾仁、清蒸白鱼、莼菜银鱼羹、白切羊肉、蝴蝶塘片、菊花鱼、绿豆饺、藕丝饼等各种名菜名点深受海内外游客青睐。东山可谓是一年十八熟，季季有果，月月有花，天天有鱼虾。

东山人文历史之深厚，社会经济之发展，市镇布局之规制，具大邑之风，是全国环境优美镇和中国历史文化名镇。

“传统文化，精彩纷呈”模块精选东山有代表性的传统文化，内容分为两部分。（一）“民间工艺，特色鲜明”：精美缂丝、园艺盆景、竹编工艺、木石雕刻、书画装裱、金石篆刻。（二）“物产丰富，技艺精湛”：洞庭东山碧螺春、特色果树栽培、白切湖羊肉、东山精美糕点、苏帮明清家具、中医中药传承。

（二）民间工艺，特色鲜明

1 精美缂丝

图 1-2-1　精美缂丝

缂丝又称刻丝，是中国丝绸艺术品中的精华。缂丝其实并非真的用刀来雕刻，而是一种以生蚕丝为经线、彩色熟丝为纬线，采用通经回纬的方法织成的平纹织物。各色纬丝按照预先描绘的图案，仅于花纹需要处与经丝交织，不贯通全幅。织工用多把小梭子按图案色彩分别挖织，使织物上花纹与素地、色与色之间呈现一些断痕，类似刀刻的形象，这就是所谓“通经断纬”的织法。古人形容缂丝“承空观之如雕镂之像”。其成品的花纹，正反两面如一。

缂丝有其专用的织机——缂丝机，这是一种简便的平纹木机。缂织时，先在织机上安装好经线，经线下衬画稿或书稿，织工透过经丝，用毛笔将画样的彩色图案描绘在经丝面上，然后再分别用长约 10 厘米、装有各种丝线的舟形小梭依花纹图案分块缂织。

缂丝能自由变换色彩，因而特别适合制作书画作品。缂织彩纬的织工须有一定的艺术造诣。缂丝织物的结构则遵循“细经粗纬”“白经彩纬”“直经曲纬”等原则。即：本色经细，彩色纬粗，以纬缂经，只显彩纬而不露经线等。由于彩纬充分覆盖于织物上部，织后不会因纬线收缩而影响画面花纹的效果。

缂丝技艺在宋代以后不断发展，至清代缂丝业的中心已移至苏州一带，所用彩色纬丝颜色多达 6 000 种，采用缂丝法临摹的名人书画，工艺精湛、形象逼真。缂丝制品至今仍然是人们喜爱的高级工艺品。

小资料

明朝周祈《名义考》有记载："刻之义未详，《广韵》'缂、乞格切，织纬也'。则刻丝之刻，本作缂，误作刻。"

宋朝庄绰《鸡肋编》云："定州织刻丝，不用大机，以熟色丝经于木杼上，随所欲作花草禽兽状。以小梭织纬时，先留其处，方以杂色线缀于经纬之上，合以成文，若不相连。承空视之如雕镂之象，故名刻丝。"

明朝曹昭《格古要论》称"刻丝作"曰："宋时旧织者，白地或青地子，织诗词山水，或故事人物花木鸟兽，其配色如傅彩，又谓之刻色作。"

宋朝时刻丝大盛。据《清秘藏》所记有"楼阁""龙水""百花攒龙""紫宝阶盛地""紫大花""五色簟文"等数十百种。明朝宫中设刻丝匠专事御用刻丝物品，中国民间以吴市出品为巨擘，清乾隆刻丝亦复大盛，且极精好。嘉、道之后，则日形衰落，甚至无人业此矣。

《红楼梦》所记尚能窥其"盛况"也。《红楼梦》第五十一回："凤姐命平儿将昨日那件石青刻丝八团天马皮褂子拿出来，与了袭人。"第七十一回："内中只有江南甄家一架大屏十二扇，大红缎子刻丝'满床笏'，一面是泥金'百寿图'，是头等的。"

缂丝是一门古老的手工艺术，它的织造工具是一台木机，几十个装有各色纬线的舟形小梭子和一把竹制的拨子。织造时，艺人坐在木机前，按预先设计勾绘在经面上的图案，不停地换着梭子来回穿梭织纬，然后用拨子把纬线排紧。织造一幅作品，往往需要换数万次梭子，其耗时之长，功夫之深，织造之精，可想而知。

图 1-2-2　缂丝扇

缂丝的工艺流程，一般有 16 道工序：落经线、牵经线、套筘、弯结、嵌后轴经、拖经面、嵌前轴经、捎经面、挑交、打翻头、篝踏脚棒、扪经面、画样、配色线、摇线、修毛头。

图 1-2-3　缂丝工艺品

缂丝的织造技法为：结、掼、勾、戗、绕、盘梭、子母经、押样梭、押帘梭、芦菲片、笃门闩、削梭、木梳戗、包心戗、凤尾戗等，技法众多。但无论做什么缂丝品，结、掼、勾、戗这四个基本技法是绝对不可少的。

由于制作工艺的不同，传统缂丝可细分为四大类："本缂丝""明缂丝""绍缂丝"和"引箔缂丝"；今人研发的缂丝品种有"紫峰缂丝""雕镂缂丝"和"丝绒缂丝"。它们是各有千秋，"本缂丝"质地较为厚实，作品高雅尊贵，适用于装饰点缀。"明缂丝"雍容华贵，质地柔软轻盈。"绍缂丝"质地柔软，间断图案，透气透光。"引箔缂丝"质地柔软，掺有特殊纸箔。另外，"紫峰缂丝"材质轻薄，薄如蝉翼，图案若隐若现；"雕镂缂丝"具有窗棂的效果，且极具观赏性；"丝绒缂丝"是丝毯工艺和缂丝工艺的结合品。

明缂丝比较常见，本缂丝相对而言较少见，这两种缂丝工艺差别不在于图案纹饰，而在于其制作工艺和生产出来的产品材质。后来由于种种历史原因，到了近代中国就只有明缂丝的织造技法流传下来。

明缂丝和本缂丝质感的区别在于这两大缂丝技艺在原材料的选择和制作技法的不同。在原材料的选择上，明缂丝的经线一般为 3×2（6 丝），纬线为 8×2（16 丝），本缂丝的经线一般为 10×2（20 丝），纬线为 15×2（30 丝）。也就是说本缂丝的经线是明缂丝的三倍粗，纬线是明缂丝的两倍粗。两种流派使用的线的规格不同，产品的外观自然也有很大的差异。明缂丝细软，表面呈现平纹状。本缂丝厚重、挺括，表面显现罗纹状。在本缂丝中也有用细纬线、细经线做产品的，但用本缂丝的生产手段做出来的产品，除手感细滑外还显现出本缂丝的其他特点。

缂丝技法有多种，一般分为平缂、掼缂、勾缂、搭梭、结、短戗、包心戗、木梳戗、参和戗、凤尾戗、子母经、透缂、三蓝缂法、水墨缂法、三色金缂法、缂丝毛、缂绣混色法等。完全用手通过缂丝机操作完成，具体包括：落经、牵经、上经、挑交、打翻头、拉经面、上样、摇线、缂织、修毛 10 个步骤，最后装裱上框即可。

从制作技法上来讲，虽然都是运用“通经断纬”的基本法则，但在具体制作上还是有很大区别的。首先上机的经线张力，本缂丝比明缂丝要强得多（所谓张力，即经线所承受的拉力），这样制作出来的作品整体看挺括而不松软。苏州明缂丝整理好经面后，先要把制作的图案描在经面上，然后才能进行操作。南通本缂丝只要把图纸托在经面下方，即可以开始操作。在操作过程中要求所托画稿位置不能变动，完成后，其产品与图纸上的图案位置误差不得超过五毫米。袈裟或其他礼服对这个精准度则要求更高，袈裟是由多片缂丝面料相拼而成，任何一片与原画稿出现较大偏差，整个图案的完整性就破坏了。

苏州明缂丝与南通本缂丝在制作技艺中，还有一个明显的区别，即素地的做法。何谓素地？没有花纹的地方称素地。明缂丝不管是素地还是图案部分，在纬线穿进经线后再用拨齿拨紧，而本缂丝却不一样。本缂丝在做素地时是用筘把纬线夯紧，只有做到小面积图案时才会使用拨齿拨紧。两种流派的制作手段不一样，虽然机台结构差不多，但本缂丝的机台明显比明缂丝的机台扎实得多。机台中的筘的作用也各有不同。明缂丝的筘控制经面的宽度，本缂丝的筘不但要控制经面的宽度，而且要把纬线夯紧。本缂丝在制作过程中，不管是做素地还是花形都必须使打出的一根纬线和经线面的角度保持一致，一般要呈 40 度角，然后才能把纬线夯紧。假如那一根打出的纬线角度偏大或偏小，在产品中就会出现疵点。明缂丝要求就没有这么高，不管做花还是打素地都用拨齿拨紧，一般的拨齿的宽度在 6 厘米之内，最窄的只有 2 厘米，如果做一幅宽度为 30 厘米的产品，要拨十几下，才能把纬线全部压下、压紧，所以其纬线在经线中分布不如本缂丝匀称。

也是鉴于这样的特征，南通本缂丝最适宜制作书画摹缂、屏风、唐卡、袈裟、和服腰带及手袋类产品。苏州明缂丝则适合做高档面料及辅料。

2 园艺盆景

启园（席家花园）

图 1-2-4　启园（一）

启园，原为席启荪的私家花园，坐落在东山东部的杨家湾附近，俗称席家花园，是一处始建于民国时期的中国古典园林建筑。1984 年，启园被国务院批准为太湖风景名胜区主要景点之一，经政府多次拨款整修扩建，才具今日之风貌。

图 1-2-5　御码头

启园的园址原名叶家浜，是太湖边种稻养鱼的十余亩洼地。1933 年，东山人席启荪为纪念其祖上在此迎候康熙皇帝而兴建启园，在临湖一边挖土，扩展到 40 余亩，耗资十万（当时币值），历时 3 年建成这座私家园林，所以又名席家花园。建园时，由著名画家蔡铣、范少云、朱竹云等参照明王鏊所建的招隐园静观楼的意境进行设计，“临三万六千顷波涛，历七十二峰之苍翠”，寓意尽得湖山之胜。园内主体建筑“镜湖厅”是位于山水层林之间的四面厅，为二层建筑，端庄雅致。厅的四面空旷，东面筑“五老峰”“真竹假笋”，用小石砌成图案铺地，其间花木扶疏，有含笑、山茶、牡丹、桂花、红枫、蜡梅、铁牙松，清幽悦目。园中复廊的隔壁辟图案各异的漏窗，隐约可见被隔断的园景，给人以遐想和游之不尽之感。复廊末端及两侧缀以亭台，愈臻古朴雅逸，展现了深厚的中国文化底蕴。

启园位于苏州西南的东山太湖之滨。她背山面湖，占地70亩，是苏州所有园林中唯一一座依山而筑、傍水而建的园林。整个园林中，四面厅、复廊、转湖、假山、新楼构图均衡，十分和谐。为江南少有的山岳湖滨园林，集江南园林的小巧雅致和湖光山色于一体。

图 1-2-6　启园（二）

苏派盆景

苏派盆景是中华民族优秀的传统艺术之一，是园林艺术的珍品。以江苏省苏州市为中心的盆景艺术胜地，历史悠久，始于唐宋，兴于明清，盛于当代。其以独特的造型结构和艺术风格，成为中国盆景的主要流派之一。

图 1-2-7　苏派盆景（一）

图 1-2-8　苏派盆景（二）

苏派盆景的布局构思精细入微，取法自然，浑然天成，绝少斧凿之痕，富有艺术情趣。在处理虚实、曲直、疏密、开合、明暗等关系上，脉理清晰，独具匠心。它以浓郁的生活气息及原始的自然美强烈地感染着人们，呼吁人们热爱自然，增强了人们保护、尊重自然的意识。

图 1-2-9　苏派盆景（三）

苏派盆景传统造型有顺风、垂枝、劈干、一顶、六台、三托等，代表它从取景到造型的过程。它的主要特点如下：一是古雅。用松、竹、梅、榆、榉等树种制作的树桩盆景将自然景色缩龙成寸，往往是树木中的“寿星”，将一二十年以至上百年树龄的枯干老枝精心培育在狭小的盆中，使其高不过盈尺之势，苍古拙朴，又生机勃勃，再配以陶都宜兴的紫砂盆和各式古朴的“苏作”盆架，更显古色古香。二是精巧。苏州盆景制作细腻精致，它精在布局构思、气韵意境上，精在古拙之中。所谓“大胆落笔，小心收拾”的中国画理，在苏州盆景中的运用，既有严谨的艺术构图，又有高雅的艺术气度。三是意韵。苏州盆景是在吸收了我国传统古典园林艺术精髓的基础上，结合中国山水画、花鸟画的某些技法，以独具匠心的创造，使盆景成为“无声的诗、立体的画、有生命的雕塑”。

东山历代的名门望族、文人墨客都喜爱苏派盆景，大多会在庭院亭台列展苏派盆景精品以供摆弄、观赏。

随着人们生活水平的提高及审美情趣的增长，如今到镇上的苏派盆景店铺、摊点选购中意盆景的东山人不在少数。很多人家里都会摆上几盆上好的苏派盆景。这不仅是东山人的一种雅兴，也是东山人注重生活品质的体现。

小知识

东山盆景老达人——朱能养

朱能养，字卉，号灌园叟，又号半园老人，其名、字、号都与园艺结缘。作为扎根三山岛、潜心教学60年的乡村教师，朱老先生受其祖父的影响，也痴迷地爱上了奇桩怪石，尤喜榆桩。他热衷于盆景栽培，家中三进庭院中已培育出数千件形态各异、价值不菲的盆景作品。作为镇园之宝的狗头榆桩“树抱石、石抱树”具有极高的观赏价值：其树壮实奇特，如历经磨难的老者；其石褐赭近墨，似天落陨石。有人曾以高价求购而不得。他栽培的盆景作品也屡获殊荣：鹊梅盆景“老龙探海”荣获全国树桩盆景展银奖；榆桩盆景“有根”“雏凤”在1999年苏州召开的世界经贸洽谈会上展出，广受好评。他的作品也入选了江苏省非物质文化遗产名录。“湖清鱼读月，山秀鸟谈天”是他自书的对联，也是朱老先生心境的写照，真是一生只共盆景语，香到无迹可寻处了。

3 竹编工艺

洞庭山勾篮

图 1-2-10　洞庭山勾篮

洞庭山勾篮与山民们朝夕相处，是东山人劳动、生活中不可缺少的一种重要工具。勾篮的“攀”不是竹篾，而是绳子。绳子既可以背在肩上，套在颈项上，也可以放在扁担上挑着，若把绳子打个结就能够用手提着。上树采果时，可套可背，两只手就解放出来了，采果效率就高，而且绳子又能随势晃荡，不会使篮倾斜而将果子掉落。以前篮上所用的绳子，都是不怕风雨的棕绳，现大多使用尼龙绳。

勾篮除用于采果，还可用以装贮果子，它口大底小，口与底约成 5∶4 的比例，底部平而硬。上口略大，能使盛贮的鲜果易于散热，底部略小，能使篮与篮之间有一定的空隙，起到通风降湿的保鲜效果。勾篮的身子要比一般竹篮深，上山可带热水瓶，上街可带酱油瓶。

勾篮上口的边，编织厚硬扎实，篮壁也极坚挺，承受得起相应的重量，既能防止篮与篮或其他东西碰撞，还可以在篮内装满果品的情况下，骑跨叠上三层，既整齐又不占地面。当勾篮闲着不用的时候，可以十只二十只叠起收藏。洞庭山勾篮装满一篮鲜果一般是 5 千克左右，与当今市场上流行的薄膜马甲袋的容量很接近，也便于购买者挑选，要一篮称一篮。装一马甲袋提着就走，轻松方便。

勾篮的使用长年不断，春装茶叶，夏收枇杷、杨梅，秋采板栗、白果，冬摘橘子。背上勾篮上市，日常百货副食品、衣帽、鞋袜全可装。在过去，学生把它当书包，干部将它当作公文包，匠工用来当工具包，瓶瓶罐罐全都能包。托儿所接送孩子一肩挑，两只小手握住绳子哈哈笑。劳动之余，还能倒扣勾篮当凳坐，所以东山人称勾篮是“如意篮”“称心篮”。

4 木石雕刻

雕花楼

图 1-2-11　雕花楼（一）

图 1-2-12　建筑雕刻

雕花楼坐落于苏州洞庭东山镇，是香山（香山建筑以营造宫式建筑著称，香山建筑雕刻工匠在江南一带素称“香山帮”）建筑雕刻杰出的代表作。木刻浮雕出于香山木雕艺人周云龙之手，为研究中国近、现代民间雕刻艺术传统、地方流派和技法难得的实物。

据《吴中胜迹》载，雕花楼于 1922 年兴工，由 250 余名工匠昼夜施工，历时三年，花去黄金 3 741 两，始建成。雕花楼原是私家宅园，全楼的梁、桁、柱、檐通饰砖、石、木雕和铸铁装饰。砖、木浮雕如此丰富的，在江南的现代建筑中仅此一例。雕花楼，是香山建筑雕刻的代表作。木刻浮雕，内容取材于《三国演义》《二十四孝》《西游记》和具有传统寓意的图案。东山雕花楼以其雕刻之精美、结构之奇巧，被称为“江南第一楼”。雕花楼又称春在楼，传取自清代诗人俞樾“花落春仍在”，是在上海做棉纱生意发了财的金锡之、金植之兄弟为孝敬母亲而建造的一座豪宅。雕花楼坐西朝东，占地 2 亩，外面被一道 20 多米高的黑色风火墙护住，两侧夹以徽派的马头墙，远远看去，像一座神秘的城堡。未入大门，学问就来了。地面上用彩石铺成的一个大花瓶图案，里面插着 3 支戟，边上一个乐器笙，取“平升三级”之意。大门对面是一堵曲尺照墙，上有砖雕“鸿禧”二字，有出门见喜的寓意。两扇漆黑大门上的青铜雕饰拉手称为金雕，由菊花瓣、如意和 6 枚古钱币形组成，有伸手有钱的寓意。接下来就是美轮美奂的砖雕门楼了。中国人都讲究门面，这门楼正如主人的脸，能不讲究？正面门楼的砖雕分三层，中坊是“天锡纯嘏”4 个大字，有天赐洪福的寓意，左右兜肚雕的是《三国演义》“古城相会”和“古城释疑”的故事，有忠孝仁义的寓意；上坊雕灵芝、牡丹、菊花、兰花、佛手、祥云等图案，下坊是梅兰竹菊四君子，均取其吉祥之意。进了大门，回头继续看门楼上的砖雕，比正面更繁复精彩。与“天锡纯嘏”相对应，这边中坊写的是“聿修厥德”4 字，为清代书法家尹立勋所题，意为修行积德，左右兜肚雕的是“尧舜禅让”和“文王访贤”的故事，有德与贤的寓意；上坊是王母娘娘开蟠桃盛会，八仙庆寿的场面，取“寿”的意思；接下来一栏雕了 10 只梅花鹿，既有“十全十美”又有“禄”的意思；下坊是唐朝大将郭子仪做寿，他的 7 个儿子 8 个女婿前来贺寿的场面，有多子多福的寓意，取“福”的意思。再加上顶脊正中的聚宝盆，门楣上方的双喜字，合在一起，就占全了“福、禄、寿、喜、财”5 个字。单是这一座砖雕门楼，就花了 3 500 块银圆，据说当时金锡之一听报价也急了，说：“太不像话了！”但是，一切才刚刚开始。为了雕琢美、堆砌美，最后屋主人还是将大把大把的银圆源源不断地花出去了。

图 1-2-13　雕花楼（二）

欣赏完砖雕门楼，转过身来便是雕花楼前楼大厅。先别急着往里走，且看大厅的门窗，雕的是“怀橘奉母”“戏彩娱亲”等二十四孝图和“囊萤夜读”“道途磨杵”等励志故事。门槛上嵌有蝙蝠形的销眼，叫作“脚踏有福”。踏着福迈进前楼大厅，这是整幢雕花楼的主厅，称为凤凰厅，因为厅内总共雕了 172 只凤凰，也就是 86 对，当地方言，“八六”与“百乐”是谐音，有百年快乐的寓意；4 根厅柱上端雕有 4 副乌纱帽的帽翅，象征“回头有官”，所以又叫官帽厅。大厅包头梁上的黄杨木雕，叙述的是“桃园结义”“三英战吕布”“三顾茅庐”等 48 个三国演义的故事，画面着力刻画武战人物大气磅礴的气势和威严勇武的神态，惟妙惟肖，十分耐看。大厅沿廊饰有 20 只花篮，分别雕有春兰、秋菊、夏荷、冬梅四季花卉。

雕花楼的二楼是客厅、书房和卧室。客厅中央挂着一块上题“春在楼”的匾，这匾额后面，是一个暗道的进出口，曾存放过金家最值钱的东西。当年太湖强盗 3 次抢劫雕花楼，都未发现这条暗道的奥秘。二楼除了做工精巧的红木雕花家具外，大梁上的彩绘万年青聚宝盆，书房窗子上从西洋进口的彩色玻璃也颇有特色。

转完二楼的后楼，以为看完了，正要下楼，却发现旁边有一窄窄的楼梯通往三楼。这是雕花楼的一个结构特色，叫明二楼暗三楼。因为三楼比二楼缩进二檩，加上两侧山墙和风火墙的遮掩，人站在楼外或者天井中，根本看不到三楼。这三楼正是主人躲避战乱和匪寇骚扰而建造的栖身藏宝之所。三楼有一个用雕栏围住的楼井，是为楼上楼下传递物品而设。楼井盖板放好之后，从楼下什么痕迹也看不出来。

当然，雕花楼也有很多体现闲情逸致的地方。比如从三楼下来，后半进可通外面一个小阳台，台上有观山亭，上写：“青山无奈露真容，绿水有意藏幽姿”，站在这里，东山的景致尽收眼底。楼北侧有一座小花园，小桥荷塘、亭台楼阁一应俱全，还有一棵江南难得一见的孩儿莲，有 300 年的树龄了，花儿小若指甲，形状如莲，花色红润似孩儿脸，故称孩儿莲。

恋恋不舍地走出雕花楼，一面惊叹“楼无处不雕、雕无处不精”的精湛工艺，一面不禁为这江南第一楼承载了游客过于杂沓的脚步声而心疼。美是需要呵护的。为什么不限制参观人数或者让游客戴上鞋套呢？我们不愿看到它像应县木塔一样变成危楼，而是希望它的美能存活更长的时间，感染更多的心灵。

值得一提的是，自 1979 年以来，雕花楼共接待来自 91 个国家和地区的外宾及侨胞共 30 万余人。

明善堂

图 1–2–14　明善堂（一）

明善堂在东山杨湾村，是一座建筑艺术极高而又富丽堂皇的民间住宅。建于明初。主体建筑在东部，有花厅、大厅、主楼及左右备弄、厢房等。偏西有墙门、耳房、客堂、佛楼及花园等。

明善堂是一座具有明代风格的中等规模民居建筑，整座建筑布局合理，具有较强的艺术性和实用性。朝大厅一面的砖雕门楼，飞檐翘角，气宇轩昂，宛若牌坊，为明善堂的主要看点之一，其雕刻之精美，在江南地区明代建筑中是罕见的。明善堂的住楼、门楼、塞口墙等的砖、石、木雕刻和彩绘图案，充分显示了江南民间建筑艺术的高超技艺，是一座砖、石、雕刻和彩绘并举的艺术之堂。

图 1–2–15　明善堂（二）

明善堂气魄雄伟，整个建筑将砖雕、石雕、木雕、彩绘有机地融合在一起。布局可分为两大部分，外区由雕花门楼、大厅、花厅、客堂、佛楼组成，大厅供庆典礼仪、接待宾客之用，内区为生活起居之所，左有深深备弄，右有耳房、厢房。房屋之间都以天井、库门划分，给人以迂回曲折之感。

门楼和塞口墙是明善堂中砖雕装饰的精华部分，是厅堂观景佳处。朝里门楼比朝外的一面做工更为考究，精雕细凿。主角纹饰，浅雕如意曲线优美流畅。左右兜肚分别镂空雕刻“麒麟送子”“独占鳌头”。上枋深雕“陈抟老祖一觉困千年”的长寿典故，下枋浮雕“凤穿牡丹”，天幔浅雕芙蓉、山茶、金橘、古钱等吉祥图案，中嵌圆形特大的“福”字，意为“一团和气”。两角柱呈凹弧形，末端雕有莲花怒放的纹案，给人以生气勃勃、生机盎然之感。

图 1-2-16　明善堂砖雕

明善堂正厅是整座古建的主体，面阔三间，进深八柱十架十三檩，前后做翻轩，平面略呈正方形。厅前长窗取用方格，状若星斗，简洁大方。山架梁上用透雕“云雾山中”图来装饰美化，梁、檩、枋、山垫板上均有苏式彩绘。木构件的斗拱、轩梁、山雾云等雕工细巧、构图疏密相宜。大厅正面高悬匾额“明善堂”，两根庭柱上的楹联为“积金积玉不如积书教子，宽田宽地莫若宽厚待人”。1982 年 3 月，明善堂被列为江苏省文物保护单位；2006 年 5 月，被评定为全国重点文物保护单位。

5 书画装裱

装裱也叫“装潢”“装池”“裱背”，是我国特有的一种保护和美化书画及碑帖的技术，即以各种绫锦纸绢对古今纸绢质地的书画作品进行装饰美化或保护修复。

图 1-2-17　装裱

在宣纸和绢素上所作的书画，因其墨色的胶质作用，画面多皱褶，易破碎，不便观赏、流传和收藏。只有经过托裱画心，使之平贴，再依其色彩的浓淡、构图的繁简和画幅的狭阔、长短等情况，配以相应的绫锦纸绢，装裱成各种形式的画幅，使笔墨、色彩更加丰富突出，以增添作品的艺术性。

装裱分类

原裱：把新画好的画按规范的装裱程序进行装裱。

揭裱：对原裱不佳或是由于管理收藏保管不善，导致书画发生空壳脱落、受潮发霉、糟朽断裂、虫蛀鼠咬等现象的传世书画进行装裱。

步骤概述

装裱工艺大致可分为六大部分，每一部分又可分许多小的工序。

第一部分为定型备料，包括制浆糊、画心托底、托绫绢等。

第二部分为上浆托纸，包括调试浆水、配托纸、润画心、上浆托纸、刷浆口、上墙绷平晾干。

第三部分为裁画心、下料，包括画心下墙，取正方裁、量裁镶嵌材料。

第四部分为画心与镶嵌材料的组合、定型，包括镶局、镶牙子、镶边、镶天头地脚、卷边或沿边、上钉角等。

第五部分为复画上背，包括配复背纸、裱件的闷水润性，刷复裱上画和排平，加辅料、上墙、绷平。

第六部分为最后完成，包括下墙、打蜡、剪边、装天地杆轴，挂网结带。

图 1-2-18　装裱画

由于装裱的类别和款式不同，它们的工序材料也各有差异，而每个装裱师的经验、习惯手法各异，各自的操作方法也不尽相同，装裱艺术又是一门工艺性强的专门技术，而且需要实际操作、反复实践才能逐渐掌握。以上只能简要介绍几种最基本的、简单易行能自己动手托裱的方法。

作为千年文明古镇的东山，曾孕育出许多闻名遐迩的著名书画家。仅现代以来就涌现出以下一些国家级书画家，如：席时珞、吴继涛、金中浩、谈章德、王益生、秦学研、陆康等。更有一大批中青年书画家，如：韩献良、宋咏、孙韵、徐刚等。

伴随着优秀书画作品的不断涌现，东山的字画装裱工艺也精益求精，书画文化产业日趋兴旺发达。

6 金石篆刻

苏州篆刻源流

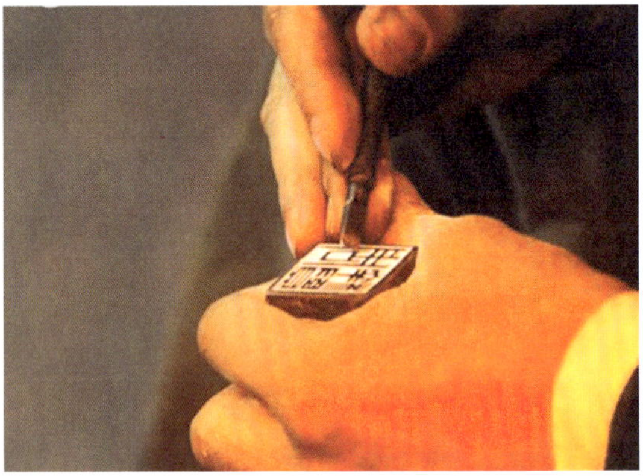
图 1-2-19 篆刻

苏州，历史上曾被称为“吴门”“吴郡”“吴中”“吴下”。明代曾产生了“吴门画派”“吴门书派”，清代又出现了“四王画派”等。不仅如此，苏州的篆刻艺术亦源远流长。早在宋元时期，苏州文人就热衷于篆刻艺事，这对苏州地区的文人篆刻就有很大影响，如元末朱珪率先自书自刻印章。后世许多著名文人、书画家都喜爱印章，如顾阿瑛、文徵明和唐寅等。明代中期，文徵明之子文彭继承了吴门前辈的雅正印风并予以发扬光大，开创了中国印学史上第一个文人篆刻艺术流派——“吴门印派”，使篆刻成为一门独立的艺术，与“吴门书派”“吴门画派”鼎足而立，可谓相得益彰。

吴中自古人文荟萃，书、画、印名家辈出，至明一代尤盛。就从事篆刻的文人而言，除文徵明和唐寅外，还有徐霖、陈道复、王宠、彭年、周天球、王穀祥、许初等，可见当时吴中文人治印风气已盛。文彭之前，吴门前辈的书画钤印基本上继承了元代汉白文和圆朱文这两大方向。汉白文一路的如祝允明的“祝允明印”、唐寅的“唐寅私印”等；圆朱文一路的如吴宽的“匏翁”、王鏊的“林屋主人”、文徵明的“徵仲”、唐寅的“南京解元”等。此外，还有一些如沈周的“白石翁”、祝允明的“枝指生”

图 1-2-20 “吴门印派”作品

和文徵明的“玉磬山房”等，则显现了后来被称为“吴门印派”的面目。上述印章都有较高的艺术欣赏价值。

“吴门印派”创始人文彭(1497—1573)，是明代中叶著名的篆刻家，字寿承，号三桥，别署三桥居士，长洲(今苏州)人。其父文徵明为明代著名书画家。文彭仕终南京国子监博士，世称“文国博”。历史上讨论明清篆刻时必定会谈到文彭。他开创明清篆刻的风气，直接或间接地影响了以后篆刻流派的形成和发展，在篆刻艺术发展过程中起到了非常重要的承前启后的作用，可以说是继元代吾衍、赵孟頫以后文人篆刻的集大成者。文彭平生致力于篆刻艺术实践，治印讲求六法但又注重变化，成为一代印风的代表人物。他曾先后在当时的政治、文化中心的北京和南京任职，大力提倡以石治印，从而使石章名传四方，这是他对篆刻艺术发展的另一大贡献。因此，清初周亮工说：“但论印之一道，自国博开之，后人奉为金科玉律，云礽遍天下。”的确，文彭长期以来一直受到很高的评价，甚至被推上了印学鼻祖的至尊地位。

文彭之后的万历年间，苏州篆刻名家辈出，流派纷呈。明代印学家朱简曾将当时的印人分成三派，即“三桥派”（亦称“吴门印派”）、“雪渔派”和“泗水派”。除以文彭为首的“三桥派”外，其余两派的领袖人物何震和苏宣，都是文氏弟子。何、苏而外，还有以专攻汉印而著称的金光先，亦曾过吴门向文氏请教。这些仅是见于记载的文门弟子，可见，文彭对晚明篆刻有很直接的影响，因此有印史学家称之为“文彭时代”。此后，苏州及附近地区的一些印人如璩之璞、陈万言、王伯钦、李流芳、归昌世、沈野、徐象梅、赵宧光等印人，也曾直接或间接地受到文彭“吴门印派”的影响；还有徽人汪关在太仓创立的“娄东派”，亦是从“吴门派”脱颖而出的，所谓“以和平参者汪尹子”。而后世往往有以汪关一系为文彭一脉正传的。

明末清初，“吴门印派”传人之代表有顾苓、顾听、邱令和，还有钦序三、袁鲁、袁雪等；而侨居常熟的闽人林皋（鹤田）等又在师法文彭、汪关的基础上创立“鹤田派”（或称“林派”），其篆艺名播四海，影响深远，历经康、雍、乾、嘉四朝而不衰，以致江浙印坛“久沿鹤田风”！当时文渊阁大学士王琰赞曰：“精于篆学者，毕竟以林子为当代独步。”

清代中后期，苏州篆刻虽有些式微，但仍然没有断绝，其中重要的篆刻家有沈祚昌、花榜、杨龙石、郭麐等；而“鹤田派”的传承人则有严源、翁包葑等。清末民初，苏州印坛又开始活跃起来，篆刻大师吴昌硕（浙江安吉人）就是在苏州成长而形成独特印风，继而影响海内外的，其弟子遍及苏州。其后，常熟赵古泥创立“虞山派”，邓散木、赵林、濮康安等追随，风行一时。1917 年，昆山印人马光楣等十余人还创立了吴门第一个印学团体——遁社，并辑有《遁社印存》，名彰海内。

此外，明清时期的苏州印学理论一直处于优势，明代吴江周应愿的《印说》被今人称为“中国印论的标志”。沈野的《印谈》以及清代袁三俊、孙光祖、徐坚等人的印论都在历史上产生过重大的影响。

图 1-2-21　印章

在老一代艺术家的启蒙指授下，中华人民共和国成立后苏州篆刻界的一大批金石家、书画家和篆刻家应运而生。1955 年秋，上海成立“中国金石篆刻研究社筹备会”，苏州印人沙曼翁（曼公）、林介侯、金铁芝、叶露渊、候福昌、王哲言（誓）、支慈庵（谦）即参与活动，其中沙曼翁为筹备会常务委员，其他常务委员有王福庵、马公愚、钱瘦铁、王个簃、张鲁庵、钱君匋。1960 年吴中书法篆刻同人 27 人组成“苏州市书法印章研究组”，开办讲习班，培养了 300 多人，并在群众艺术馆举办作品展览。1983 年 12 月，在沙曼翁、瓦翁、段东战的倡导下成立了“东吴印社”，首批社员有 30 多人，老一辈篆刻家如张寒月、矫毅、王能父等，与后学印人共创辉煌。与此同时，昆山、常熟、太仓、吴江等地也先后成立了“亭林印社”“虞山印社”“娄东印社”“垂虹印社”，苏州篆刻呈现出后继有人、蓬勃发展的局面，从而又涌现出了一批卓有成就的篆刻家，如马士达、言恭达、周玛和、卫知立等，他们的印风和创意异彩纷呈。其后，一批热衷于篆刻艺术的中青年又不断加入“东吴印社”，而海外人士（如法国龙乐恒）及苏州周边地区（如上海）亦有篆刻家加盟。现任社长陈道义在学习借鉴前辈经验的基础上，经常开展对外交流，坚持每月一次的雅集活动，使年轻印人的创作水平不断提高，近些年他们在历次国内外书法篆刻展览中屡获佳绩。目前，全市印人中有西泠印社社员 3 人，中国书协会员 37 人，其余多数为省级会员。

新时期苏州篆刻活动方面有两件事值得一提。其一：1983 年 3 月中旬，由《书法》杂志主办，苏州艺石斋和上海西泠印社协助的全国篆刻征稿评比在苏州举行，时上海《新民晚报》以“全国首次篆刻史上值得记载的一页”

誉之。此次评比在四千余件征稿中共评出优秀作品100件，其中一等奖十件。活动对当代篆刻艺术的复兴产生深远影响。其二：1995年10月7日至10日，由中国书协、中国书协篆刻委员会主办的“全国首届篆刻理论研讨会”在苏州召开。会议沿用了国际大型学术研讨会的惯例，进行了论文发表、书家评点与论文答辩等多种形式，评出了优秀论文35篇。

小知识

韩献良

1970年生于苏州东山，东山中学优秀毕业生。现为中国书法家协会会员，东吴印社理事，常熟市青年书协副主席，虞山印社秘书长。其书法篆刻作品曾入展西泠印社篆刻评展，古典细朱文印精品展，全国中青年篆刻家作品展，第五、六届全国篆刻展，当代篆刻艺术大展，西泠印社诗书画印大展等。曾获西泠印社首届国际艺术节中国印大展提名奖、西泠印社海选总选拔赛优秀奖、西泠印社“百年西泠·西湖风”国际篆刻主题创作大赛二等奖，并两次获得中国书协培训中心教学成果展一等奖。

图1-2-22　韩献良作品（一）

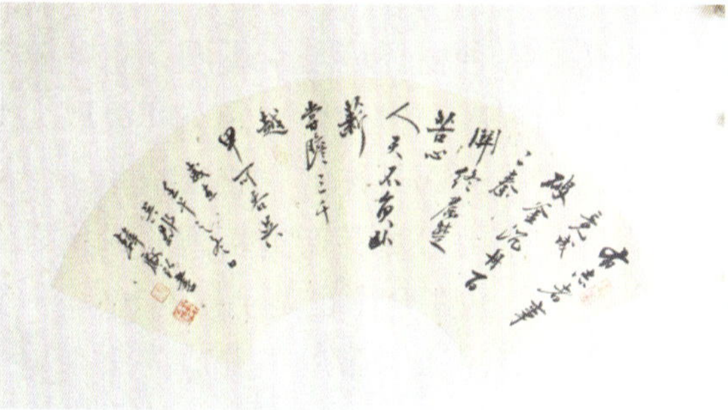

图1-2-23　韩献良作品（二）

（三）物产丰富，技艺精湛

1 洞庭东山碧螺春

图 1–3–1　碧螺春茶（一）

碧螺春是闻名中外的中国十大名茶之一。东山栽茶已有1 000多年历史，被誉为中国碧螺春之乡。洞庭碧螺春有五大特色：一是茶名由清康熙皇帝所题，这是中国其他茶所没有的殊荣；二是碧螺春三字涵盖茶叶的所有特点，碧螺春采摘于春天，形状似螺，颜色碧绿；三是碧螺春种植环境与众不同，它种于果树之间，果花和山花的香味渗透到茶树的根叶和嫩芽中，使茶叶汲取太湖云水的精华，具有饱含花果香味的独特风味；四是冲泡方法独特，先放开水后放茶叶，茶味甘醇，回味无穷；五是东山碧螺春产量较高的绿化村经民政局批准改名为碧螺村，小村以茶为名，这在全国也是罕见的。

碧螺春，自得康熙帝题名并成为贡茶以来，声名日盛，已历300多年风雨而不衰。长期以来，碧螺春与地方风俗及传统文化相结合，形成独特文化元素，深入东山人的骨髓，成为吴人的一大乡愁和牵挂。

今天的碧螺春，不仅畅销本地，还销往加拿大、新加坡、菲律宾、印度、马来西亚、斯里兰卡等国家和中国香港地区。

茶名由来

仙鹤传种　大约1 000年前，东山杨湾有个叫朱元正的贫苦农民，因少交了租米，被地主逼得家破人亡，只身躲进深山，靠吃野果野菜活命。

有年秋天，朱元正在半山腰寻采野果，不巧天下起雨来，寒风阵阵，冷雨点点，他衣着单薄，腹中饥饿，晕倒在山崖下。朦胧中，忽听东方一声鹤鸣，睁眼一看，只见一只羽毛洁白的仙鹤，朝崖顶飞来，绕了三圈，张开长嘴，掉下三颗青褐色的果子，然后飞去。朱元正在掉下处捡了三颗似枇杷核大小的果子，仔细一看，原来是茶籽，便随手种在山崖石壁间。

图 1-3-2 碧螺春茶（二）

来年春天，山崖石壁间长出三丛碧青的茶苗，茶苗越长越大，越长越盛。朱元正从此就靠采茶、制茶、卖茶为生，日子过得好了起来。产茶的那座山峰，后来被人叫作“碧螺峰”。

吓杀人香 年复一年，东山种茶的山农越来越多。早春三月，是采茶季节。天蒙蒙亮，农家姑娘都背着勾篮上山采茶，远远望去，像一只只彩蝶在茶丛中飞舞。

有年春天，茶叶丰收，采茶人带的勾篮装不下采下的茶叶，他们解开了胸前的纽扣，把茶叶塞进怀里。茶青得了人的热气，蒸发水分，慢慢地干卷而曲，散发出阵阵沁人心脾的清香，大家都说是“吓杀人香”，便以此为茶名，从而也使人们知道靠热量烘干的茶叶，比原来用太阳晒干的茶青要香得多。于是发明了烘烤制茶的方法。

自那时起，茶名一直叫“吓杀人香”。至清康熙南巡，认为“吓杀人香”名称太俗，才根据茶叶嫩绿如碧，制后卷曲像螺，春天采制，以及始产地在碧螺峰等特性，为之取名为“碧螺春”。

小知识

碧螺春茶名及产地，见诸许多史志、文集。各文献记载虽有细节上的差异，但大多提及康熙皇帝题茶名“碧螺春”一事，因而被广泛采信。

清乾隆十五年（1750）金友理编撰的《太湖备考》（卷六《物产》）中记述：“茶。出东西两山，东山者胜。有一种名‘碧螺春’，俗称‘吓杀人香’，味殊绝，人矜贵之。然所产无多，市者多伪。”

《太湖备考》（卷十六《杂记》）又记：“东山碧螺峰石壁产野茶数株，山人朱元正采制，其香异常，名‘吓杀人香’。宋商邱（丘）抚吴始进上，题曰‘碧螺春’。自是督抚提镇，岁来采办，售者往往以赝乱真。元正殁，制法不传。即真碧螺春亦不及曩时矣。”

乾隆二十二年（1757）王应奎《柳南随笔》卷二记载：“洞庭东山碧螺峰石壁，产野茶数株，每岁土人持竹筐采归，以供日用，历数十年如是，未见其异也。康熙某年，按候采者如故，而其叶较多，筐不胜贮，因置怀间，茶得热气，异香忽发，采茶者争呼‘吓杀人香’。‘吓杀人香’者，吴中方言也，因遂以名是茶云。自是以后，每值采茶，土人男女长幼，务必沐浴更衣，尽室而往。贮不用筐，悉置怀间。而土人朱元正独精制法，出自其家，尤称妙品。康熙己卯，车驾南巡，幸太湖。巡抚宋荦，购此茶以进。上以其名不雅驯，题之曰‘碧螺春’。自是，地方大吏，岁必采办，而售者往往以伪乱真。元正殁，制法不传，即真者亦不及曩时矣。”

道光十年（1830）顾禄编撰的《清嘉录》中记述：“谷雨节前，邑侯采办东山碧螺春茶入贡，谓之茶贡。”《清嘉录》还转引王应奎《柳南随笔》关于茶名由来的详细记述。

以后的史籍均根据《太湖备考》《柳南随笔》《清嘉录》的记述作了类似的描述，具体如下：

民国初年李根源编撰的《吴县志》卷五十一载：“……图经续记，近时东山有一种碧螺春最佳，俗称吓杀人香。味殊绝，赞贵之，然所产无多，市者多伪。”

《中国名茶志·江苏卷》第 13 页“综述”记载：“洞庭碧螺春：产于江苏太湖洞庭东山，属炒青细嫩绿茶。其外形细嫩卷曲，似螺形，色泽绿褐，蒙披白毫，花香味，汤色青翠澄澈，叶底细嫩微白，味极幽香。据清代王应奎《柳南随笔》和俞樾《茶香室三抄》记述，‘碧螺春’茶是清圣祖康熙皇帝于 1675 年游太湖时题名的。”

《中国名茶志·江苏卷》第 48 页“历史沿革”中记载：碧螺春茶应成名于 1734 年前，且东山、西山均产。究竟其形成于何时何地，比较公认的是《柳南随笔》中的说法。

综上所述，洞庭碧螺春名称原为“吓杀人香”，直到康熙皇帝品饮后，闻其名欠雅，遂根据此茶色、香、味、形，赐名为“碧螺春”。

原产地保护

图 1–3–3　茶树新芽

众多史料都记载了碧螺春茶由野茶“吓杀人香”经朱元正及其后人代代培育成为家茶，后经康熙皇帝赐名成为贡茶的历史。碧螺春茶，清代作为贡品，自东山入京，远行千里，行销海内外，茶香也飘至四海，蜚声中外。

从古至今，外地茶叶冒充洞庭山碧螺春的屡见不鲜，为维护历史名茶的形象，保护茶农及消费者的合法权益，东西山茶农在苏州市吴中区人民政府的领导下，经过多年奋斗，于 2001 年 9 月向国家质检总局提交了《关于苏州洞庭（山）碧螺春茶申请列为原产地域产品保护的请示》，在 2002 年 12 月 9 日正式批准。2003 年 2 月 10 日，国家标准委员会正式批准发布 GB18957–2003《原产地域产品洞庭（山）碧螺春茶》，并于 2003 年 4 月 1 日起正式实施，这标志着洞庭山碧螺春茶原产地获得了国家权威部门的认证。

为切实做好碧螺春原产地保护工作，东山镇组建洞庭（山）碧螺春茶叶协会；制定碧螺春原产地域品牌管理办法；开发“防伪监督”等措施，成立古尚锦、吴侬、春毫、东山茶厂、北望茶场、金龙生态园、清熙、东壹茶庄、东灵、思梅等 10 多个专业合作社和企业，注册古尚锦、吴侬、御峰堂、碧螺、金坞山、莫厘峰、清熙、东壹、近水、板壁峰等 10 多个商标。其中碧螺、吴侬、古尚锦、御峰堂被列为江苏省著名商标。在动态保护方面，又建立碧螺春苗圃，选育优良茶苗；开办碧螺春传统工艺培训班，提高工人炒茶技艺；举办一年一度的茶文化旅游节等活动，均收到良好的效果。

碧螺春种植

图 1–3–4　碧螺春茶树

洞庭东山地处亚热带气候区，受太湖小气候调节，日照充足，雨量充沛，温暖湿润，气候宜人。湖岛上土壤肥沃，终年云雾缭绕。东山四季盛产佳果，历史上就有“一年十八熟，四季花果香”之誉。一年之中，山上有数十种果花、山花的香味渗透到茶树的根叶和嫩芽中，使得东山碧螺春茶汲取太湖云水之精华，具有饱含花香果味、饮后回味甘甜的独特风味。

茶树由茶籽繁殖。成树后每年施肥两次，即早春肥与秋肥，肥源为农家有机肥，生态环保。

碧螺春茶树过去没有更新与修剪的措施。20 世纪 90 年代以来，东山茶农对老茶园采取三年更新一次的措施，从而提高产量。在修剪上也有改进，每年春季采茶结束后，都要进行回缩修剪。回缩高度一般离地 50 厘米，去除过密的枝，萌发夏梢、秋梢，翌年采其叶芽，从而使萌芽比不修剪的早，且萌发齐，提高产量。碧螺春种植面积保持在 8 平方千米左右，2015 年茶叶产量 85 吨，其中碧螺春 50 吨，炒青 25 吨，碧螺春红茶 10 吨。

炒制技艺

碧螺春茶炒制工艺，历史悠久。1920 年，东山乡贤朱献淮在《洞庭东山物产考》中记述如下："茶有明前、雨前之名，因摘叶之迟早而分粗细也，采茶以黎明、用指爪掐嫩芽，不以手揉，置筐中覆以湿巾，防其枯焦。回家拣去枝梗，又分嫩尖一叶二叶、或嫩芽尖连一叶为一旗一枪，随拣随做，做法用净锅入叶约四五两，先用文火，次微旺，两手入锅，急急炒转，以半熟为度，过熟则焦而香散。不足，则香气未透。抄起入瓷盆中，从旁以扇扇之，否则色黄香减矣。碧螺春有白毛，他茶无之，碧螺春较龙井等为香。"

《洞庭东山物产考》对碧螺春炒制技艺做了精辟的概括，其传统工艺的核心为"手不离茶、茶不离锅，揉中带炒，炒揉结合。"

洞庭碧螺春采制的人工量极大，成本高，是真正的"功夫茶"，所用嫩芽是初展的一芽一叶（俗称"一旗一枪"），长 1 厘米 ~1.5 厘米，宽不能超过 1 厘米，每 0.5 千克成茶平均要 6 万左右个芽头，从采、拣、制、炒，需 5~6 个人工。嫩芽叶背后有茸毛，新鲜时不明显，制成后始显露，茸毛越多，品质越好，这是洞庭碧螺春的一大特色。碧螺春制作过程极繁，操作技术要求很高。从采摘到拣剔，到上锅后的高温杀青、热揉成形、搓团显毫、文火干燥，前后要经过 6 道基本工序。2011 年 5 月，碧螺春制作技艺被列为国家非物质文化遗产。

◆ **采摘**

采摘时间为清明前开始至谷雨结束。采摘标准是一芽一叶初展，一级鲜叶芽叶全长 1.6 厘米 ~2.5 厘米。采摘要求总的原则是分批勤采。关键在于抓好头批茶的采摘，有部分茶树的芽叶达到标准就要开采，并采清、采净。这是提高碧螺春的品质和产量的关键。

◆ **拣剔**

拣剔标准为芽叶长短大小整齐，均匀一致。拣剔方法是将采回的鲜叶“头头”过堂，剔除鱼叶、老叶和其他杂质。并将拣好的芽叶薄摊在阴凉处，拣剔过程，也是一个轻萎凋过程，有利于香气的形成。

图 1–3–5　鲜叶摊放

◆ **高温杀青**

投叶量为鲜叶 250 克。锅温控制在 150℃ ~180℃，高档温度稍低，低档则稍高。青叶于锅心发白时投入，先抛以散发水分，使茶叶清香。后闷使杀青均匀。闷抛结合，后期以闷为主，则清香持久，叶底柔匀，色泽嫩绿。杀青时间为 3~4 分钟。至略失光泽、手感柔软、稍有黏性、始发清香、失重约二成时，用双手或单手反复旋转抖炒，动作轻快。

◆ **热揉成形**

锅温控制在 65℃ ~75℃。时间为 10~15 分钟。至揉叶成条，不黏手而叶质尚软，失重约五成半时，双手或单手按住杀青叶，沿锅壁顺一个方向盘旋，使叶在手掌和锅壁间进行公转与自转，揉叶边揉边从手掌散落，不使揉叶成团，开始旋三四转即抖散一次，以后逐渐增加旋转次数，减少抖散次数，基本形成卷曲紧结的条索。

图 1–3–6　手工炒茶

炒制时要加温热揉，边揉边抖。保持小火，边揉边解块，以散发叶内水分。先轻后重，用力均匀。先轻揉 4~5 分钟，如果开始用力太重，茶叶黏在锅壁上结成锅巴的话，既影响品质，妨碍操作，又易使芽尖断碎；之后要重揉 6~8 分钟，使茸毛显露。

◆ **搓团显毫**

锅温控制在 55℃ ~60℃。时间为 12~15 分钟。至茸毛显露，条索卷曲，失重七成时，一臂撑着锅台，将揉叶置于两手掌中搓团，顺一个方向搓，每搓 4~5 转解块一次，要轮番清底，边搓团、边解块、边干燥。锅温依次低—高—低。搓团初期火温要低；中期茸毛初显时要提高温度，促使茸毛充分显露；后期要降温，否则毫毛被烧，色泽泛黄。

◆ **文火干燥**

锅温控制在 50℃ ~55℃。时间为 6~7 分钟。成茶水分仅剩 6%~7% 时，将搓团后的茶叶，用手微微翻动或轻团几次，至有刺手感时，即将茶叶均匀摊于洁净纸上，放在锅里再烘一下，即可起锅。

碧螺春红茶

2008 年开始，碧螺春茶商们开始涉足红茶领域。不同于滇红、祁红等红茶的制作工艺，碧螺春红茶采用碧螺春小叶种茶叶为原料，将碧螺春炒制工艺与现代微发酵红茶制作工艺相结合。制作红茶共有选料、萎凋、揉捻、发酵、干燥、烘焙六道工序，新品红茶汤色明亮，呈透明琥珀色，芽形卷曲带红毫，滋味醇厚甘鲜，深受顾客欢迎。碧螺春红茶于 2012 年 8 月获第二届“国饮杯”全国茶叶评比一等奖，2013 年 11 月，获第十届“中茶杯”全国名优茶评比一等奖。2013 年始，东山吴侬茶厂、古尚锦茶厂、东山茶厂都在研制碧螺春红茶，2015 年全镇红茶产量 10 吨。

碧螺春茶所获荣誉

清宣统二年（1910），在南洋劝业会上获褒奖。1915 年，在巴拿马国际博览会上获“金质奖章”。1918 年，在工商部举办的国货展览会上获一等奖。中华人民共和国成立后，碧螺春茶再创辉煌：1983 年获江苏省经委颁发的“优质食品奖”。1986、1990 年两次获商业部“全国名茶”称号。2004 年“碧螺”牌碧螺春茶荣获“国家绿色食品”称号和第五届全国食品博览会金奖。2005 年，在第六届“中茶杯”全国名茶评比中获一等奖。2007 年，“东壹”牌碧螺春获第七届“中茶杯”名优茶评比一等奖，该茶在 2010 年还获首届“国饮杯”全国茶叶评比特等奖。2014 年，御封合作社严介龙在全国手工制茶大赛中获“手工卷曲形绿茶特等奖”。“碧螺”牌碧螺春获国家绿色食品博览会金奖。2015 年，东灵合作社顾晓军在全国绿茶手工炒制大赛中获一等奖。“吴侬”牌碧螺春在“华茗杯”2015 年全国名优绿茶质量评比活动中获“特别金奖”。

洞庭山碧螺春还成为国家级的指定产品。“碧螺”牌碧螺春 2010 年获上海世博会特许产品。“吴侬”牌碧螺春 2007—2009 年成为中国南北极考察队特供产品，2010—2013年成为中国南北极考察队指定用茶。2014年10月，经中国商业联合会中华老字号工作委员会审核，东山茶厂被批准为“中华老字号”会员单位。

碧螺春茶文化

茶源于中国，是东方文化中的重要组成部分，茶文化起源于六朝，兴于唐朝。唐朝茶宴、茶会、茶道、茶礼等开始形成独立的体系。历代文人也为后人留下众多与茶相关的诗词、戏曲、书画等作品。宋元时期是茶文化的全盛时期，明清时期茶事又有了新发展。

碧螺春源于洞庭东山，碧螺春茶文化也是太湖古吴文化中的一部分。自从康熙皇帝题“碧螺春”之名后，碧螺春便成了贡品，并一直备受文人的青睐和追捧，与之相关的诗词书画更是层出不穷。清代众多的吟咏碧螺春茶的诗词作品中堪称佼佼者的有李慈铭的《水调歌头·碧螺春》、梁同书的《碧螺春》、王元辰的《碧螺春歌》。民国时期俞寿康的《咏碧螺春》、徐豫的“采茶歌”较著名。现代咏碧螺春的文人更多，其代表作为周瘦鹃的《咏洞庭碧螺春三首》和谢孝思的《东山即事》。

茶文化历经千年，与许多名人都有不可分割的联系，明朝大学士王鏊酷爱“吓杀人香”，大才子唐寅、文徵明不仅喜爱茶事，还创作了大量茶画。有记载的有唐寅的《事茗图》，文徵明的《品茶图》《林树煎茶图》《茶事图》等，其中一部分画作藏于北京故宫博物院。

◆ 茶俗

东山人吃茶，讲究较多，早上至镇上茶馆吃茶，谓之早茶；午饭后，中老年人到茶馆泡上一壶新茶，边喝边聊，称作午茶；入夜，亲朋好友相聚一堂，在家中畅叙共品，名曰夜茶。阳春三月，携友呼朋带一锅子至茶山上，依山避风搭一石灶，舀一锅山泉水，捡一些干柴将水煮开，然后从茶树上采一大把茶青，抛入沸水中，满锅顿时一片碧绿，清香四溢，喝起来有种飘飘欲仙的感觉，故名“神仙茶”。还有一种，先把水煮沸，然后把茶膏掺入，用大火再煮片刻即成“锅贴茶”。此茶喝起来特别浓香、提神。适龄儿童上学前，头天早晨，家长要泡一碗碧螺春茶，要孩子连喝三口，然后背起书包上学，意为将来能连中三元，称为“状元茶”。新郎的岳父母头趟上门，要把双亲请到新房中，然后泡一杯碧螺春茶端到两老手中，称为“迎亲茶”。谁家遇到不吉利的事，即去讨七家邻居的新茶喝，相传能消灾延寿，逢凶化吉，平安无事。意思是得到大家的帮助，再大的困难也能战胜，此谓“神茶”。除此之外，还有民间造房正梁上挂袋茶叶，名为“发茶”；老一辈做寿，晚辈前往祝寿送上一斤新茶，称为“寿茶”。茶在婚姻中为定亲之物，定亲礼中有一只礼盘专置茶叶，红、绿茶两个纸包。古人称茶树为“不迁”，古人结亲，男方以茶为礼相聘，女方受茶，这种仪式称“授茶”。

◆ **茶馆**

东山的茶馆，集镇上常年皆有，有单卖茶的，也有兼开书场的，一般上午喝茶，下午说书。集镇茶馆，有高雅与一般、大型与小型之分，大型茶馆里都挂有关公像，小型茶馆则设备简陋。乡镇茶馆一般是手艺人、农民的休息场所。茶馆备有面盆、毛巾，供茶客使用。茶客来店吃早茶往往是先洗脸后泡茶。茶馆里还有卖各种零食的小贩，要吃点心，只要向堂倌关照一下，汤圆、馄饨、各式面点都能及时送到。

图 1-3-7　采摘茶叶

茶馆里的“吃讲茶”比较流行，所谓“吃讲茶”，即矛盾双方在茶馆里当众讲理。俗话“有理无理，出在众人嘴里”。“吃讲茶”时，由双方亲戚陪同，彼此讲述各自理由，茶客则根据事实分清是非。是非分晓后，输理的一方按协定办事，并要泡一壶茶向有理的一方斟茶、敬茶以作赔礼，并酌情给付茶钱。

如今，传统的茶馆逐步消失，而新的茶庄、茶室不断开张。目前东山风景区中著名的品茶去处有：古尚锦的望湖楼、紫金庵的听松堂、启园的四面厅、雕花楼的厚德堂、雨花胜境的碧螺小筑等。

碧螺春茶文化节

苏州许多市民与外地游客把采茶、制茶作为一个有趣的生活片段、一档旅游的助兴节目和一段难忘的人生经历。为适应这种社会需求，东山镇将碧螺春原产地的自然风光与具有悠久历史的碧螺春茶文化做了巧妙的结合，不定期举办碧螺春茶文化节。

2004 年 2 月 20 日，首届苏州吴中洞庭碧螺春茶文化旅游节在太湖之滨的菱湖渚公园拉开序幕，活动吸引众多的海内外游客。开幕式上，苏州的姑娘们载歌载舞，通过茶歌联唱、茶道演示、评弹说唱、时装表演等多种形式，向人们展示了碧螺春茶的独特魅力。这次茶文化旅游节的炒茶能手擂台赛在东山雨花景区举行，出自“炒茶世家”的38岁东山人施跃文获得一等奖，成为“茶王”，其余二、三等奖全部被东山选手斩获。

2006年3月25日，苏州吴中洞庭碧螺春茶文化旅游节在东山沙滩山茶舫举行，开幕式上表彰了“十佳炒茶能手”“十大生产基地”“十大品牌企业”，并对一批洞庭山碧螺春专营店进行授牌，还向游客展示了祭祀茶神的特色民俗活动。

2008年3月22日，苏州吴中洞庭（山）碧螺春茶文化旅游节在东山碧螺景区开幕，市、区领导为5个获得省级名牌农产品的碧螺春茶企业授牌。江苏省工商局分别向东西山两家合作联社颁发了营业执照，开幕式上还举行了大型文艺演出。

2012年3月31日，“美好江苏欢乐游，印象吴中茶乡行”苏州吴中洞庭山碧螺春茶文化旅游节——采摘踏青月启动仪式在东山碧螺景区广场举行，在启动仪式上，苏州出入境检验检疫局领导向东山吴侬碧螺春茶叶合作社颁发碧螺春茶叶出口许可证，并举行长三角茶香文化体验之旅江苏示范点和茶礼品牌颁奖授牌仪式及环太湖徒步游出发仪式。希腊、匈牙利、智利等20多个国家的50多位驻华使节和夫人到东山参加茶文化节，他们参观茶叶种植基地，观看茶叶炒制过程，感受传统的茶道艺术。

2015年3月23日，吴中区农业局联合《姑苏晚报》推出“吴地优鲜，优先到家”大型新闻行动之“碧螺春传承工艺体验活动”。《姑苏晚报》5名记者组成的“碧螺姑娘”采茶队伍走进东山茶园，体验茶叶炒制工艺。东山茶王施跃文亲自给她们做师傅，向姑娘们展示和传授最正宗的炒茶手艺，此次活动吸引了大量苏州市摄影爱好者及长三角地区近十家媒体记者的关注。5月31日，东山镇“特色民俗文化、特色农副产品、特色文明成果”三进城暨“家在苏州，美丽东山”主题展示活动走进苏州观前街，活动将东山民俗和特色农副产品碧螺春、白沙枇杷、“太湖三白”集中展示，现场20多个展位前人群爆满，无数市民和游客前来购买。此次活动，扩大了碧螺春茶的影响，打响了碧螺春茶的品牌。

◆ 碧螺姑娘评选

2002年年底，国家质检总局宣布对洞庭（山）碧螺春茶实施原产地域产品保护。为拓展洞庭山碧螺春品牌的影响力，2003年3月20日，吴中区人民政府及苏州日报社联合在东山举办“为碧螺春寻找形象大使”活动，近百位年轻姑娘报名参加比赛，经过激烈的角逐，东山姑娘金靖燕荣获“碧螺姑娘”冠军，被确认为洞庭（山）碧螺春茶的形象代言人，张颖获亚军，徐玉兰、潘英俊并列季军。

2007 年 3 月 18 日晚，《同一首歌》“走进苏州吴中——相约碧螺春之乡”大型演唱会在苏州吴中经济开发区中央广场举行。中央电视台“同一首歌”在春节后的第一时间就来到苏州吴中，邀请了著名歌手任贤齐、满文军、刘欢、刘若英等倾情演出。奥运冠军陈艳青带上两罐父亲炒制的新茶，在演出现场同邀群星共品清香甘醇的碧螺春。晚会现场还拍卖了炒茶冠军当天炒制的一斤碧螺春新茶。这斤新茶最后由雅新电子有限公司以 32 万元的高价夺得。

图 1–3–8　碧螺春茶艺

◆ **炒茶大师赛**

2010 年 3 月 14 日，洞庭山碧螺春炒茶大师赛在东山碧螺景区举行。洞庭山碧螺春茶被批准为上海世博会特许产品，东山吴侬茶厂、东山茶厂代表洞庭碧螺春参展，限量供应极品碧螺春。

碧螺春茶艺

碧螺春茶艺操作简单易学，使用的茶具有水壶、茶罐、茶则（取茶和赏茶时盛茶叶用的工具）、玻璃杯，以及其他观赏、闻香、品茗用具。另外还有茶巾、水盂等辅助用具，用来擦干茶具及盛放洗杯后的水和茶渣。

翻杯：将茶杯轻轻翻动，杯底向下，杯口朝上，然后整齐地排列在一起。

洁具：洗杯亦称“仙子沐浴”，要将水壶中的水烧开后，以涓涓细流冲洒在排列整齐的玻璃杯内壁上，冲洒时让水按照顺时针方向旋转，待杯中的水有六成时，用左手托起杯底，右手用大拇指、中指、食指握住杯口，双手沿逆时针旋转，将杯中水倒入水盂，然后排列整齐放好。清洗后的茶杯冰清玉洁，一尘不染，利于发香。

观赏：碧螺春有“四绝”——形美、色艳、香浓、味醇，赏茶是欣赏它的形美，其外形条索纤细，卷曲成螺，满身披毫，银白隐翠，娇巧可爱，茶人更爱它的三鲜之妙：叶鲜嫩、汤鲜香、味鲜醇。赏茶的具体做法是，用茶则在茶罐中取碧螺春茶，左手用大拇指、中指、食指掐住茶则的柄，右手用大拇指、中指托起茶则，双手端平，请客人用眼观赏，同时介绍碧螺春茶的色泽和形态特征。

注水：将水壶高高提起，离玻璃杯口 12 厘米 ~15 厘米，壶口以 45 度角斜对准杯中心，把开水注入杯中的五六成。泡茶用水十分讲究，唐代茶圣陆羽曾说：“山水上，江水中，井水下”，而现代人则多选用清冽的山泉或纯净水。

置茶：把茶则中的碧螺春茶，对准玻璃杯的中心位置投放下去，或用茶匙轻轻拨入玻璃杯中心。嫩叶倾泻入杯，雪雾纷飞，似雪浪喷珠。碧螺春为春茶之冠，既为茶冠，必有奇特之处，所以有人说：“碧螺春茶名天下，太湖山水育英华，一斤茶叶六万芽，先放开水后放茶。”

观茶：用眼观察碧螺春茶落水后的变化，先看茶叶即刻下沉，杯底绿叶初展，似春染人间；再看茸毛在杯中上下漂浮，酷似冬天的雪花飞舞。

观水：用眼观察玻璃杯水中的变化，碧螺春落水后吸水舒展时，会放出一个个小的气泡，像金鱼戏水时吐出的一串串泡泡涌向水面，故称“白浪喷珠”。

续水：提起水壶，对准茶杯，用手腕的力量，上下往复三次，续水至玻璃杯的七八成。随着水流的上下往复，翠绿的芽叶上下浮动，这种冲水的方法称为“凤凰三点头”，能使茶叶在杯中上下翻滚，犹如飞雪飘扬，翠云浮动。经过三四分钟，芽叶全部展开，碧玉色的茶汤和翠绿的芽叶交相辉映，像春染海底，绿满晶宫。

闻香：茶艺师将冲泡好的碧螺春茶敬献给嘉宾，这时茶香扑鼻，满室生辉。享受这鲜醇的甘露，要用右手大拇指、中指、食指拿住玻璃杯上部，左手托杯底，双手将茶杯靠近鼻端，先闻一下随热气飘来的清香，再深吸一下碧螺春的花香果味，领略那“入山无处不飞翠，碧螺春香百人醉”的意境。

品味：将玻璃杯靠近嘴边，先小口吮茶汤在嘴里，感觉碧螺春茶的鲜嫩清香味，然后咽下喉；第二口稍大些，将茶汤含在嘴里用舌尖在茶汤中打滚，啜尝甜美舒适的碧螺春茶味，特别是咽下喉时的回味和鲜爽的感觉；第三口茶汤含在嘴里，反复品味碧螺春的韵味和心旷神怡的感觉。

江南茶文化博物馆

2008 年建于东山镇碧螺景区，占地约 0.02 平方千米，建筑面积 6 000

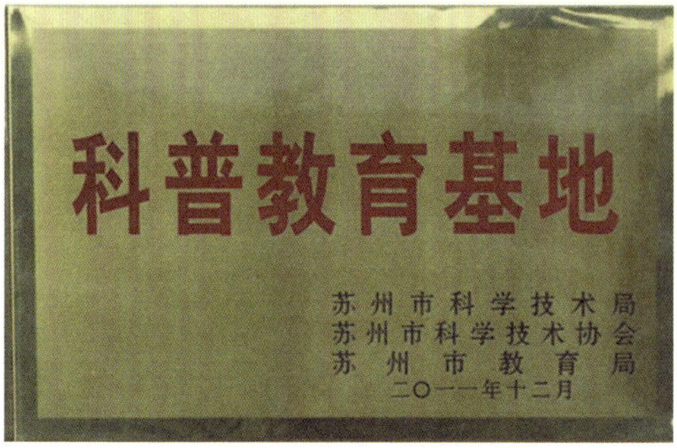

图 1-3-9　基地挂牌（一）

图 1-3-10　基地挂牌（二）

平方米，2010 年 10 月开馆，博物馆设茶之史、茶文化、茶之品、历代茶具以及茶道茶艺表演等五个部分，重点介绍茶类的分布和江南主要名茶，尤其对产自洞庭东西山的碧螺春，从其历史沿革、制作、品质等方面做详细的介绍。

博物馆采用硅胶像生动再现古代东山茶农采制碧螺春的生活场景：选茶、炒茶、煮茶、品茶、卖茶；另展示当年康熙南巡时，为碧螺春命名的历史传说。

江南茶文化博物馆环境优雅，馆内既有形象逼真、惟妙惟肖的人物模型，又有内容丰富的文字介绍，还有古代的茶具、茶器、茶叶储存箱等实物展出。在这里，游客及青少年可以亲自参与碧螺春的制作，可以眼看、手动、心想、口品，是一个参观、学习茶文化的综合实践基地，受到全国各地游客的好评。2012 年，江南茶文化博物馆被苏州市科学技术局、苏州市科学技术协会、苏州市教育局评为“苏州市科普教育基地”，同时也成为东山中小学碧螺春茶文化综合实践基地。

图 1-3-11
基地挂牌仪式

2 特色果树栽培

枇杷

图 1-3-12　东山枇杷

枇杷的果肉营养很丰富，含有大量蛋白质、糖类、脂肪、维生素 C、钙、磷、铁、胡萝卜素等多种营养成分。枇杷可加工制作成各种独具风味的果酱、果酒、罐头等。东山是中国四大枇杷产区之一，所产的白沙枇杷与浙江塘栖的软条枇杷、安徽歙县的三潭枇杷、福建莆田的大钟枇杷齐名。东山栽培枇杷的历史，在宋代已有文字记载。东山白沙枇杷果肉洁白，形态整齐，皮薄汁多，肉质细嫩晶莹，入口爽而不腻，古时就有“金银蜜罐”之称。清《太湖备考》载：“枇杷。出东山者佳，有黄白二种，其实差小而独核者，名‘金蜜罐’‘银蜜罐’。《旧志》云：出东山之白沙、纪革。今盛于槎湾、俞坞矣。”白沙枇杷果皮呈鹅黄色，味甘甜，有照种、青种、灰种和早黄白沙、白玉、冠玉等 10 多个品种。20 世纪 70 年代，东山白沙枇杷以皮薄肉厚、鲜甜可口的照种最负盛名，这个品种由清末槎湾果农贺照山悉心培育而成。东山白玉枇杷，果大、早熟，肉白鲜嫩，每年一上市便走俏市场。白玉枇杷在 2007 年获评江苏省农产品名牌产品，在第四届全国枇杷学会学术年会上获得“太湖东山杯”全国十大优质枇杷称号。近几年，东山选育出更优的冠玉枇杷，果型大，味甜润。2010—2012 年，东山冠玉枇杷连续三年获江苏省优质水果评比“金奖”。东山枇杷种植面积在 10 平方千米左右，产量有大小年之分。2014 年大年产量 4 300 吨，2015 年小年产量 2 000 吨。

杨梅

图 1-3-13　东山杨梅

东山杨梅与浙江萧山、温州茶山等地的杨梅齐名，热销于长三角一带，2008 年获评“全国十大精品杨梅”。清《太湖备考》载：“杨梅。出东西两山及马迹山，有一种脱核者，出东山西坞，味最佳。”东山栽种杨梅历史较早，已有七八百年历史，主要在俞坞、西坞和曹坞等地。东山杨梅有大叶细蒂、小叶细蒂、乌紫杨梅、石家种、绿荫头、荔枝头、长柄杨梅、浪荡子、大核头早红、黄泥掌、树叶种、蚂蚁种等 12 个品种。其中以乌紫杨梅最大、最紫、最甜，品质极佳，一般在 6 月下旬成熟，产量约占杨梅总产量的 70%。其特点是果形大、紫色、圆刺、肉厚、核小、汁多，甘美可口，甜中略带一些酸味。杨梅富含糖类、果酸、维生素等，能生津止渴，帮助消化，利于治疗神经炎和预防坏血症。杨梅以鲜食为佳，最好是采摘后即食之。也可以制成罐头蜜饯、白糖杨梅干、梅汁果子露，有消暑健胃功效。苏州民间还流传一种简易土方：用杨梅浸烧酒，制成杨梅酒，能解暑、治痢疾。2015 年，东山杨梅种植面积为 3 平方千米，产量已达 1 700 吨。

洞庭红橘

图 1-3-14　洞庭红橘

清朝《太湖备考》记载："橘。出东西两山，所谓'洞庭红'是也。"洞庭红橘早在唐朝就被作为贡品，称为贡橘，其栽培历史已有 1 000 多年。洞庭红橘细分有早红、朱橘、料红、鱼橘、黄皮、早橘、温橘、柑柑、南丰、金橘、蟹橙、甜橙、香橙、香橼 14 个品种，其中最有特点的要算是早红、朱橘和料红。早红属早熟品种，一般中秋以后便开始转黄，10 月初即成熟，未经霜打就可以采摘，当其他柑橘还是青果的时候，早红橘就已成熟上市了。朱橘又名朱红橘，系洞庭红橘的晚熟品种，一般 11 月中旬以后开始采收。朱橘树性强健、耐寒，大小年差异小，果实耐储藏，当地可藏至第二年初出售。料红为洞庭红橘的中熟品种，采收期在 10 月下旬至 11 月中旬，比早红迟而早于朱橘。料红皮薄、味甜、最耐储藏，就是藏到春节上市，其色香味依然不变。料红树势高大健壮，产量高。洞庭红橘含有丰富的维生素和适量的蛋白质、脂肪、矿物质，能增进食欲，帮助消化。洞庭红橘曾是东山产量最大的水果，顶峰时种植面积达 12 平方千米。后来引进推广的温州蜜柑成为新宠，动摇了传统红橘的地位，洞庭红橘经济价值不高，故其种植面积逐年减少。2013 年起，东山镇投资 2 亿元建设总面积约 0.67 平方千米亩的生态保护林——万家生态林，设立红橘保护区作为种质资源的保护地，旨在恢复洞庭红橘产业，重现"橘子红了"的美丽景象。

3 白切湖羊肉

图 1-3-15　白切湖羊肉

图 1-3-16　东山湖羊

1983 年，江苏省在东山建立了中国第一个湖羊资源保护区，并确定渡桥西泾村等 5 个村为湖羊保种点。东山湖羊主要以产肉为主，皮用为辅。东山湖羊羔皮，皮板轻薄、纯白，呈波浪状花纹，是传统的出口创汇产品。羊肉细嫩鲜美，膻味少，是人们喜爱的滋补品。

东山的白切羊肉、红烧羊肉世代相传，在江南具有较高的知名度。东山白切羊肉取自东山湖羊，将羊去除头尾四肢及内脏后，用文火煨煮半夜，将骨剔出后用原汤继续熬煮，黎明时分将羊肉取出摊在荷叶上，荷叶的清香随着肉香扑鼻而来，香味四溢。东山白切羊肉腥臊气较小，肉色白糯，味道鲜美，以禾家湾村烹调水平最高。东山的红烧羊肉也很出名，其做法是取东山湖羊，洗净切块、焖熟后出水除臊味，再放入酱油、桂皮、八角、姜片等烹制而成，香味独特，口味鲜美，是东山婚宴的必备菜肴之一。

2008 年，东山湖羊入选首批国家级畜禽遗传资源保护名录，渡桥村同时被列入国家级湖羊保护区。2011 年，“东山白切羊肉烹饪技艺”被列入吴中区非物质文化遗产名录。2014 年 12 月，东山湖羊获中国国家地理标志证明商标。

4 东山精美糕点

绿豆饼

绿豆饼为东山夏季名点。先将绿豆磨成粗碎粒，加水浸泡，捞去豆壳，再将豆磨成糊状，加入食盐少许。用平底锅加热适量的食用油，再用小勺分次将绿豆舀入平底锅中，将绿豆糊在熟油中煎黄取出即成。绿豆饼味道鲜美，若在绿豆糊中加入鸡蛋，其味尤佳。

图 1–3–17　绿豆饼

藕丝饼

藕丝饼为东山四季名点，是馈赠亲友之佳品。秋季新藕起塘后，用土法将藕磨成粉，待淀粉沉淀后即可制成藕粉。藕丝与米粉拌糊后，用小勺舀起，放入平底锅中煎成藕丝饼，香糯可口。

图 1–3–18　藕丝饼

牛舌头饼

图 1-3-19　牛舌头饼

牛舌头饼为东山传统名点，因形如牛舌而得名，已有上百年历史。牛舌头饼着重配料、技法和火候。制作时，先将面粉隔水蒸熟，取出拌搅成面团，熟后逐一擀成饼皮，加入预先用食用油、饴糖、细盐、香葱、花椒按一定比例制成的饼馅，包裹于饼皮内，反复搓揉，使皮与馅均匀地合成一体，揿压成狭条块状，逐一排列置于炉上的平底锅中，上覆以烧汤的铁锅作盖。此时需精准掌握火候，待正反两面均呈金黄色时及时取出。牛舌头饼外形美观，食之香而松脆，口味咸甜适中。

咸馅团子

图 1-3-20　咸馅团子

咸馅团子乃东山春季名点。把赤豆在锅中煮熟放上盐、花椒等配料，用铁铲揿成糊状，熬干后捏成馅，再用米粉包好，放在蒸笼上蒸熟即可食。其馅入口即化，味香而清爽。

百果雪饺

图 1-3-21　百果雪饺

百果雪饺为东山特有的小吃，不仅外形好看，而且用料讲究。雪饺皮的原料为米粉，其中 70% 为糯米粉，30% 为粳米粉。皮料制作以后，放上猪油、白糖、芝麻、松子、枣子、核桃、瓜子仁等，裹成四面体，放入蒸锅蒸煮，蒸熟后的饺子雪白雪白的，故称“雪饺”。百果雪饺又香又糯，味道纯正。

猪油糕

图 1-3-22　猪油糕

东山猪油糕制作历史悠久，工艺独特，所用猪油须洗净切块，用白糖腌制半月才可取出做糕。制作工序是先在蒸屉里铺上干净的布，再将和好的米粉均匀地放入，然后在表面上放上猪油、瓜子仁、核桃仁、葡萄干、红枣等配料，上锅旺火蒸半个多小时出锅，最后撒上红绿丝。猪油糕是东山人过年必做的糕点，同时也深受城里人喜爱。

白玉方糕

图 1-3-23　白玉方糕

制作材料主要是粳米粉、糯米粉、白砂糖和红豆。两种米粉按照一定的比例调配，把粉筛到模具里，用毛刷刷匀，用工具分块，每块中间浇上红豆沙馅，然后再铺一层米粉，内馅、外皮铺好后，再在上面压上特定的花纹，盖蒸十分钟即可。其特点是松、香、软、糯、甜。

5 苏帮明清家具

图 1-3-24　苏帮明清家具

明清以来，苏州是优质硬木家具生产的重要基地。

红木家具和小件生产，木工和漆工都会用特殊加工工序和技艺。木工首先将原材料加工成不同的板材或木方，然后依次按配料、划线、锯料、刨平、出榫、凿眼、雕刻、装配工序进行加工。配料和划线，需要根据材质量材录用。出榫、凿眼是产品结构的关键，榫眼的形式有几十种，加工要求十分严格。雕刻的形式分剔地浮雕、镂空雕、镂空与剔地结合，以及立体悬雕等。雕刻完成后的工序是装配，然后是打磨、揩漆。打磨和揩漆便是漆工工艺。揩漆的工艺过程，先从打底开始。打底的第一步又叫打漆胚，先用砂纸磨掉棱，过去没有砂纸时，传统的做法是用面砖进行水磨；第二步是刮面漆，嵌平洼缝，刮直丝缕；第三步是磨砂皮，磨完底子也就做成了。第二道揩漆工序，先从着色开始，因家具各部件木色常常不能完全一致，需用着色的方法加工处理；另根据用户的喜好和要求，又可在明度和色相上稍加变化，表现出家具的不同色泽效果。也有些家具不着色，即所谓“清水货”。接着是第一次揩漆，然后复面漆，再溜砂皮。同样根据需要可着第二次色，或者直接揩第二次漆。接下去进入推砂叶的工序。砂叶是一种砂树的叶子，反面毛糙，用水浸湿后用来推磨家具的表面，能使之光滑。最后，再连续揩漆三次，叫作上光。上光后的家具一般光亮平滑，富有质感，触觉舒适柔和。

明代苏式家具的原材料多选用紫檀、花梨、杞梓和榉木。明以后，多用红木。现以香红木为主，虽不如老红木质地坚硬、纹理细密、色泽沉着，但价格较低廉，原料也较多，故被大量采用。

红木家具有以下各类产品：床类，橱柜类，桌椅类，屏架类，几类等。红木小件有以下各类产品：几座类，屏架类，灯罩类，盘匣类等。

6 中医中药传承

简介

中医中药，不仅是中华民族的宝贵财富，而且已成为世界医学宝库中一颗璀璨的明珠。

图 1-3-25　中医养生

中医采用望、闻、问、切的“四诊”方法，对病人的病情做出科学判断。中医治疗多用汤剂、散剂、丸剂、膏剂等药物，辅以针灸、气功、推拿、拔火罐、刮痧等疗法，有一套科学的医疗体系。中医中药不仅能够治疗常见病、多发病，还能有效地治疗病毒性和感染性疾病、功能障碍性病、心脑血管病、免疫性疾病、骨伤烧伤等多种特殊疾病。

苏州的中医历史悠久，在医学史上称为“吴医”，从元末的戴思恭开始，出了不少名家，形成了一个医派。这一医派传承至今，并且创办了《吴医汇讲》专刊，在中医界影响颇大。

东山名医

◆ 葛希敬（生卒年不详），葛家渎人，明朝成化至弘治年间太医院御医。载《武峰葛氏族谱》卷一。

◆ 严茂源（1638—1745），字心传，号菊坡，清东山花墙门人。清代医官，曾入太医院首领厅。载《六修江苏洞庭安仁里严氏族谱》卷四。

◆ 叶明绅（生卒年不详），清东山人，名医，善制药丸膏丹。所制之药，悉以祖“清宁斋”书宝匾额为记，由是远近驰名。

◆ 王凤梧(生卒年不详),字鸣冈,号床山。清代东山陆巷人,王鏊后裔。国学生,业医,著《辨脾胃升降》一文,刊入《吴医汇讲》中。

◆ 周祖礼(生卒年不详),字人仪,清东山杨湾人。少业儒,因母病瘘,遂究心医术,母病获痊,医术益进。总督高进得奇疾,祖礼治之而愈,名声大噪。好通宋儒书,工篆隶,亦有名。

◆ 陆耀岩(1886—1950),字维石,清末民初东山人,内外科中医。就聘于殿前街严大德中药铺,直至终老。通中药业务,又精内外医术,重医德知名于乡里。

东山中医中药情况

中医

明朝崇祯年间,中医吴有性不但在吴中享有盛名,在全国也颇有名气,他研究“病(戾)气”传染病,著成的《温疫论》,为我国最早论述传染病的专著。民国时期,东山私人行医的有20余人。分儿科、内科、外科、喉科、针灸等科。较有名气的是儿科钮鑫卿;内、外科严宇丞、陆耀岩、周则方、徐逸民、赵虞生、宋友陶、沈惠苏、王荑人、祝怀冰、李沛仁、张秉彝、顾步青、蒲少荃、李济民、周仁安等;针灸科吴德明、殷铁珊;齿科章伟铭、章伟博、杨煜明。中华人民共和国成立后,中医理论与研究不断发展,东山地区人民医院也开设了中医科。20世纪90年代,东山人民医院与江苏省植物研究所联合研制的抗癌新药“东南1号”,获吴县(今属苏州市)科技进步二等奖。

药铺

东山素有苏州“半爿药材店”之称。自民国以来有名的中药铺很多,如渡桥司前街有石耀云的存济堂;茶叶弄口有天生堂,后迁曹公潭(今东山中学对面);殿前紫藤棚有徐幼勤的永年堂;漾桥有周姓的寿山堂和济生堂(今邮局对面)以及通德里西面的同德堂;诸公井马家弄口有陈冠群的裕康堂和夏彦斌的仁寿堂;杨湾河头有居廷杨的赞育堂以及石桥头金士良的春生堂和种德堂。民国六年(1917)严氏族人集股于殿前,开设严大德堂药铺。药铺因资金雄厚,用药道地,故生意蒸蒸日上。药铺因地制宜用当地特产白沙枇杷，配药蒸制成膏，化痰止咳，行销于沪宁沿线，颇有名声，没几年即成为东山药铺之冠。此后，天生堂、济生堂、同德堂、种德堂、春生堂、寿山堂相继闭歇。李济民在寿山堂店址上开设大仁德药铺，然终因生意清冷而歇业。民国二十四年（1935）永年堂因徐幼勤故世，无力继续经营，遂盘给严大德堂。民国二十七年（1938）秋，顾步青得邱氏亲戚资助，于响水涧畔开设天德堂药铺。至此，东山共有大小中药铺 6 家，一直延续至中华人民共和国成立以后。

1956 年 1 月，国家对私营工商业进行改造，掀起合作化高潮，同行业实行公私合营。药业（包括中药和西药）为一个行业，6 家中药铺、1 家西药房（瑞诚药房）组成公私合营的新国药房。合营初期，店址在王衙门前（今书场旧址），一年后，迁于煤饼场古秦巷口，1983 年迁于叶巷。其间曾三度归属苏州医药公司，改称“益民药店”，最后归入东山供销社。公私合营初期，杨湾设新国药房分店。之后杨湾新国药房分店改为独立的杨湾药店，兼营西药。为适应中医科配方需要，除新国药房外，今东山地区人民医院里，也兼设中药房。

中西医结合

1971 年，东山地区人民医院开辟中西医结合肿瘤病区，设病床 20 张，至 1985 年，共收治来自全国各地的肿瘤病人 7 500 余人次。人民医院运用中药协同化疗抗肿瘤，有效减轻了患者病痛，起到了延长患者生命的效果。20 世纪 90 年代，人民医院研究发明了以天冬和白花蛇舌草制剂结合西医疗法治疗恶性淋巴瘤和乳房肿瘤的方法，疗效显著。

人民医院中医介绍

（1）医院建置沿革

东山地区人民医院的前身为东山保安医院，1952 年由太湖行政办事处接管，建立太湖行政办事处卫生院。1954 年改为震泽县卫生院。1956 年改称震泽县人民医院。1959 年震泽县并入吴县后，改为吴县东山人民医院。

东山中西医联合诊所，1955 年 8 月由严宇丞、周则方、周仁安、吴德明、宋友陶、徐逸民、沈震苏等几位中西医发起组织，设于松园弄，杨湾设分诊所。1956 年，章伟铭、章伟博、杨煜明所开的 3 家私人牙科诊所于漾桥街组成齿科联合诊所。不久东山中西医联合诊所与齿科联合诊所合并，仍称东山联合诊所。1958 年东山联合诊所改为东山镇医院，1960 年改为洞庭公社医院，迁于东山通德里。之后响水涧恢复公社卫生院，1970 年 8 月并入洞庭公社医院，地址在东山人民街。1971 年洞庭公社医院改名为东山地区人民医院。

2006 年医院搬迁至现址，现医院环境优美，庭院式人性化的布局，配有中心供氧、中心吸引、自动传呼，同时建立了计算机网络化管理系统、层流净化手术室及高档麻醉机，为手术病人创造了优质的医疗环境。全院占地面积 15 800 余平方米，房屋建筑面积 16 000 余平方米，是一所综合性的一级甲等医院，下辖 6 个社区卫生服务中心及三山村卫生室。根据区域内医疗资源均衡发展的需要，东山地区人民医院即将挂牌为“吴中区中医医院”，3 年内将逐步改建、升格为一所二级乙等的专科医院。

（2）中医名家简介

严宇丞（伤寒、妇科）

严宇丞（1896—1977），洞庭东山翁巷村人，中医医生。严宇丞 8 岁，随叔父去扬州私塾读书，18 岁拜扬州中医耿耀庭为师，学医 4 载，于民国七年（1918）返东山翁巷村家中开业。1955 年 8 月加入东山联合诊所。1956 年 10 月被吸收至县属医院内科中医部应诊。严宇丞钻研伤寒、妇科，诊疗方法有独到之处，故在东山医生中有一定声名，患者对其亦颇信任。

1954 年严宇丞被选为震泽县东山区人民代表，1956 年被选为震泽县人民代表、震泽县政协委员，1960 年出席江苏省文教卫生群英会，1976 年被评为医院先进工作者。

严宇丞从医 60 年，始终兢兢业业，态度和蔼，询病周详，诊断慎重，对患者体贴关心。晚年虽身患癌症，仍坚持应诊。于1977年病逝，终年81岁。

周则方（儿科）

周则方（1918—1987），男，苏州东山人。初中毕业后，师从苏州中医名家陆仲痒。1943年，至东山行医。1955年加入东山中西医联合诊所。上午在医院坐诊，下午出诊，每天诊视病人数十号，医术高，口碑颇佳。

周则方精于临床，经他诊断的病人均疗效显著。他善用经方，但不套用经方，主张在经方医理的基础上，因“症”化“方”。遵古但不泥古，灵活但不离原则。在日常诊疗中，他力求诊断要精，组方要稳，用药要活，因此，治愈了许多病人，诊治了不少疑难杂症，成了东山地区的著名中医。

周则方在小儿诊断及用药方面有独到的见解。他认为临床用药应辨症而施。对小儿遣方用药，更需顾及小儿生理及病理的特点。他认为小儿疾病正气易虚，邪气易盛，因此，治疗应虚实兼顾、寒热兼顾。

周则方注重对中医理论的研究和对医案的积累、分析，写了不少关于医理研究的心得体会，积累了大量的医案资料，至今对东山中医的发展仍有指导意义。

（3）中医特色科室介绍

中医皮肤科

中医皮肤科是东山地区人民医院中医特色治疗科室之一。医院采用中医治疗方法，发挥中医优势，突出中医特色，能有效治疗各种皮肤疾病。特别是绿色三位一体法治疗银屑病，采用中药内服，中药液外洗以及导引锻炼的治疗方法，避免了激素用药，减少了患者的痛苦，减轻了患者的经济负担。2015年东山地区人民医院中医皮肤科经评审被确认为苏州市特色科室以及吴中区重点专病。

叶斌荣主治医师：毕业于黑龙江中医药大学中西医结合临床专业。师从苏州市中医院专家，擅长于中西医结合治疗皮肤病、失眠症及内科常见病。获得2014年“吴中区优秀实用人才”荣誉称号，以及苏州市2014—2015年度“讲理想、比贡献”技术创新竞赛活动“杰出工程师”称号。

中医骨伤科

中医骨伤科是东山地区人民医院的特色专科，采用中西医结合的方法治疗和调理多种急慢性疾病，对颈、肩、腰腿痛，中风后遗症，面神经麻痹等有显著疗效。配合针灸理疗科开展针灸、拔罐、刮痧、热疗、电疗、专业手法推拿、颈腰椎牵引等中医康复特色疗法，配有颈椎电动牵引椅、腰椎全自动牵引床、中频电磁波治疗仪、远红外线治疗仪、多功能电疗仪等治疗设备。

顾伟峰医师：早期师从于江苏省著名骨伤科老中医龚正丰主任，现师从苏州中医院徐甄理主任和朱利民主任，在长年的临床工作中，善于将传统的中医治疗方法与西医的各种治疗手段相结合，传承了治伤、接骨手法，在治疗各类常见损伤的同时对软组织疾病及关节复位的诊疗有一定经验。

针灸理疗科

针灸理疗科是以中国传统中医、针灸经络理论与现代光、电物理诊疗技术相结合的科室。以传统的中医经络理论为基础，将传统的针灸、火罐、梅花针、埋针、耳针疗法，穴位贴敷治疗，推拿按摩治疗等手段的疗效充分发挥。近年来又引进先进的智能中药熏蒸治疗仪、多功能颈腰椎牵引床、超短波治疗仪、微波治疗仪、红外线治疗仪、红光治疗仪、中药离子导入仪等物理治疗设备，治疗病程广泛、疗效确切。

吴建平医师：吴氏第四代弟子，早年师从其父老中医吴德明，从事中西医结合理疗治疗，对颈椎、腰腿痛等常见病治疗有独到之处。

（四）作业设计

1. 实地走访东山缂丝厂，了解缂丝工艺的精美绝伦与巧夺天工。并开展相应的研究性学习，完成课题，形成报告。

2. 启园（又名席家花园）为东山中学德育教育基地，高一、高二年级可选择去启园参观，并开展相应的研究性学习，完成课题，形成报告。

3. 选择东山某一领域内的“非遗文化”传承人，设计访谈提纲，根据访谈提纲进行一次访谈，并整理出访谈记录。

4. 根据本专题学习的内容，模拟导游身份撰写一份解说词，介绍东山的“非遗文化”。

5. 东山的“非遗文化”有的蓬勃兴旺，有的日渐式微，请从不同的角度调查研究，收集资料，撰写调查报告。

6. 成立研究性学习小组，从本专题中选择感兴趣的内容进行研究性学习，结合市场化发展的需求，撰写研究性报告，为东山经济的发展建言献策。

7. 选择感兴趣的东山美食，为它们设计一个商标，并详细说明设计意图和理由。

8. 选择一个本地的“非遗文化”传承人，了解他的故事，并以他的故事为原型创作一篇微型小说，再把微型小说改编成微型剧本。

二、大美东山，方兴未艾

学习说明

“大美东山，方兴未艾”模块一共9个专题、三大板块，专题介绍前有整体概述，专题后有作业设计。

9个专题、三大板块的学习材料建议安排6课时进行通读学习。通过通读学习，了解东山过去的美丽篇章、现在的蓬勃发展，展望美好未来。在此基础上，选择一个自己感兴趣的专题，以个人或小组的方式进行深入学习研究，然后完成相关作业。完成学习，作业合格的学生可获得1个学分。

（一）概　述

东山是一首由慢时光填写出来的绝美小词，贯通古今。古人为我们留下了无数绝美诗文，文脉源远流长，从古至今，有一定影响的诗人、作家有几百位之多，这是一笔宝贵的人文财富。本部分精选了与江南、苏州和东山有缘的白居易、叶梦得、杨万里、王鏊等古代著名诗文大家的名作，也精选了周瘦鹃、范小青、叶兆言等近现代名家的作品。希望我们的学子认真诵读、体会，在接受文学熏陶的同时增强对家乡的自豪感、归属感。

东山的文化旅游产业蓬勃发展。一是西街的崛起。西街是东山古建筑群的精华所在，古色古香，满是历史的沉淀。其中有许多著名的景点，如响水涧、状元馆、亚明纪念馆，等等。徜徉在石板路上，仿佛随时随地都可以偶遇撑着一把油纸伞的丁香姑娘，而历代先贤、名人的事迹，也必然会激励莘莘学子刻苦攻读，砥砺前行。二是青蛙村，美丽乡村建设的典范。将文化创意植入乡村改造工作中，着力打造西巷“青蛙村”的概念，贯彻绿色生态、低碳环保的开发意识，重新构建魅力乡村、美丽乡村。三是洞庭商帮，钻天精神。东山自古就有经商传统，历史上有赫赫有名的洞庭商帮。位列中国历史上十大商帮前列的洞庭商帮一直秉持着“精明诚信、吃苦创新”的精神，这种精神传承至今，并被新东山人发扬光大。四是东山为国家5A级景区，环岛公路、东山大道、滨湖大道二期的建成，开辟了东山旅游的黄金通道，向人们成功展示出太湖山水、历史文化和水乡风韵。

（二）物华天宝，人杰地灵

东山是风流才子遗落下来的一柄画扇，是一行飘逸的汉隶，一钤朱色的篆印，一叠素淡的诗笺，一幅酣畅淋漓的长卷；东山，是令人怦然心动的底定桥、响水涧、紫金庵、轩辕宫、雕花楼、柳毅井、雨花台、莫厘峰；东山，是几张简陋的方台，几副粗瓷的茶碗，是茶馆里柔媚旖旎的评弹，也是小巷里“阿要买白兰花”的吴侬软语……

东山，杨柳春风如诗如画；东山，杏花烟雨如梦如幻；东山，拥翠吐绿果木葳蕤；东山，蝶舞莺啼柔媚婉约。在这块多情的土地上，古往今来，文人墨客留下了无数璀璨的篇章。

历朝历代的文人雅士，徜徉于青山绿水，寻味于乡野山村，烹雪为茶、折梅为诗，留下了许多脍炙人口的诗词歌赋和动人篇章，如唐朝的刘禹锡、白居易；宋朝的苏轼、叶梦得；元汤仲元、倪瓒；明朝的施槃、王鏊、文徵明、唐寅、徐祯卿、袁宏道；清朝的吴伟业、袁枚；近现代周瘦鹃、亚明、范小青等。他们的佳作有些散见于诗人的集子里，也有些收录在文献方志里。

1 诗 词

宿湖中

〔唐〕白居易

水天向晚碧沉沉，树影霞光重叠深。
浸月冷波千顷练，苞霜新橘万株金。
幸无案牍何妨醉，纵有笙歌不废吟。
十只画船何处宿？洞庭山脚太湖心。

满江红（重阳赏菊）

〔宋〕叶梦得

一朵黄花，先催报、秋归消息。满芳枝凝露，为谁装饰。便向尊前拼醉倒，古今同是东篱侧。问何须、特地赋归来，抛彭泽。

回首去年时节。开口笑，真难得。史君今郡吏，自成行客。霜鬓不辞重插满，他年此会何人忆。记多情、曾伴小阑干，亲攀摘。

临江仙（送章长卿还姑苏兼寄程致道）

〔宋〕叶梦得

碧瓦新霜侵晓梦，黄花已过清秋。风帆何处挂扁舟。故人归欲尽，斜日更回头。

乐圃桥边烦借问，有人高卧江楼。寄声聊为诉离忧。桂丛应已老，何事久淹留。

临江仙（与客湖上饮归）

〔宋〕叶梦得

不见跳鱼翻曲港，湖边特地经过。萧萧疏雨乱风荷。微云吹尽散，凉月堕平波。

白酒一杯还径醉，归来散发婆娑。无人能唱《采菱歌》。小轩倚枕簟，檐影挂星河。

木兰花（二月二十六日晚雨，集客湖上）

〔宋〕叶梦得

花残却似春留恋。几日余香吹酒面。湿烟不隔柳条青，小雨池塘初有燕。波光纵使明如练。可奈落红纷似霰。解将心事诉东风，只有啼莺千种啭。

食鸡头子二首其一

〔宋〕杨万里

江妃有诀煮珍珠，菰饭牛酥软不如。
手擘鸡腮金五色，盘倾骊颔琲千余。
夜光明月供朝嚼，水府灵宫恐夕虚。
好与蓝田餐玉法，归编辟谷赤松书。

归省过太湖

〔明〕王鏊

十年尘土面，一洗向清流。
山与人相见，天将水共浮。
落霞渔浦晚，斜日橘林秋。
信美仍吾土，如何不少留？

过太湖

〔明〕吴桥

青山船头来，渐觉家乡近。
况兹清夜风，正满帆中听。
酌酒坐中流，高天月如镜。
此际不放歌，何处复乘兴？

莫厘峰

〔明〕葛一龙

莫厘峰高有几许，白日溟蒙散烟雨。
襟领崔巍七十二，何异桓文莅邾莒。
振衣独立春风生，春风揭地波涛倾。
将军战骨化为土，湖上青山空殉名。

春日能仁寺

〔明〕金燔

古寺一山尽，隔溆生孤岛。
人烟杂深树，云帆落飞鸟。
去年曾此宿，风光自然好。
古人读书处，花落无人扫。

杨湾庙远眺

〔明〕叶杰

千门花气上蓬莱，八极风从望目来。
山外夕阳孤鸟下，云边秋水片帆开。
南当越绝争衡国，北顾吴王歌舞台。
讵意草生麋鹿走，峨眉还弃子胥才。

柳毅井

〔明〕吴时德

橘树无踪证往年，寒泉村落尚依然。
青鬓罢汲犹相聚，闲坐银床语旧缘。

吴塘

〔明〕史鉴

一水遥遥与海通，舟行疑似入虚空。
三江共接朝宗势，万古长怀底定功。
锡麓人烟帆影外，洞庭山色浪花中。
蓬瀛有客频来往，欲驾云涛趁便风。

登莫厘峰

〔清〕查慎行

青天七十二芙蓉，个是芙蓉第一峰。
吴越有山多作案，东南无水不朝宗。
荡空日气消飞蜃，拔地风声稳卧龙。
曾记岳阳楼畔望，肯教云梦芥吾胸？

紫金庵

〔清〕顾超

山中幽绝处，当以此居先。
绿竹深无暑，清池小有天。
笑啼罗汉像，文字道人禅。
最好梅花候，高窗借过年。

法海坞

〔清〕朱鹏

周遭本是法王城，谁道空存法海名。
破壁颓垣来野鼠，凄风苦雨泣山精。
残碑半蚀青萝长，石径全荒碧藓生。
极目萧条增百感，断桥横处一人行。

罛船竹枝词（二首）

〔清〕朱彝尊

船头腥气漉鱼篮，船尾女儿十二三。
染就纤纤红指爪，新霜爱擘洞庭柑。

莫厘峰下风舟回，望见高帆六道开。
传语羽林郎莫射，渔翁元为进鲜来。

2 文赋

洞庭两山赋

〔明〕王鏊

楚之湖曰洞庭，吴之山亦曰洞庭，其以相埒耶？将地脉有相通者耶？郭景纯曰：“包山洞庭，巴陵地道，潜达傍通，是未可知也。而吾洞庭实兼湖山之胜，始，山特为幽人韵士之所栖，灵仙佛子之所宅。至国朝，名臣彻爵往往出焉，岂湖山之秀，磅礴郁积，至是而后泄于人耶？东冈子曰：山川之秀，实生人才，人才之出，益显山川。显之维何？盖莫过于文。两山者秘于古而显于今，其实有待，子无用辞。”予曰：“然。”乃为之赋。其词曰：

吴越之墟有巨浸焉三万六千顷，浩浩荡荡，如沧溟澥渤之茫洋，中有山焉七十有二，眇眇忽忽，如蓬壶、方丈之仿佛。日月之所升沉，鱼龙之所变化，百川攸归，三州为界，所谓吞云梦八九于胸中，曾不蒂芥者也。客曰：“试为我赋之。”夫太始汹穆，一气推迁，融而为湖，结而为山。爰有群峰散见，叠出于波涛之间，或现或隐，或浮或沉；或吐或吞，或如人立，或如鸟骞；或如鼋鼍之曝，或如虎豹之蹲。忽起二峰，东西雄踞，有若巨君弹压臣庶，又若大军之出，千乘万骑，旌幢宝盖，缭绕奔赴。东山起自莫厘，或腾或倚，若飞云旋飚，不知几千百折，至长圻蜿蜒而西逝。西山起自缥缈，或起或伏，若惊鸿翥凤，不知几千万落，至渡渚回翔而北折。试尝与子登高峰骋望，近则重冈复岭，谽谺嵺嵡，萦洲枉渚，蛩蟺缅邈。远则烟芜渺弥，天水一碧，帆影见而忽无，飞鸟出而复没，灵岩则返照孤棱，弁山则轻烟一抹，此亦天下之至奇也。若乃长风驾浪，喷山喝野，足使人魂惊而汗骇，及其风日晴熙，縠纹涟漪，又使人心旷而神怡。至于瑶海上月，流光万顷，星河倒悬，荡漾山影，又一奇也。遥山霁雪，凝华万叠，玉鉴冰壶，上下相合，又一奇也。风雨晦明，顷刻异候，烟云变灭，咫尺殊状，虽有至巧，莫能为像。试尝与子吊古寻幽，则有回岩穹壑，窈窕相通；琳宫梵宇，暮鼓晨钟；寿藤灵药，美箭长松。金庭玉柱，石函宝书，灵威丈人之所窥也。贝阙珠宫，绣毂鸣珰，柳毅书生之所媲也。翠峰杜圻，范蠡之所止息。黄村角头，绮皓之所从逝也。而阖闾夫差之迹尤多存者：玩月之渚，消夏之湾，牧马之城，圈虎之山，练兵之渎，射鹗之峦。出金铎于浅濑，逸梅梁于惊湍。他若毛公烧丹之井，蔡经炼药之墩，圣姑绝雉之塘，雪窦降龙之渊。其石则岌嶭嶙峋，瘦漏嵌空，牛奇章有甲乙之品，宋良岳有永固之封。其泉则囦沦觱沸，甘寒澄碧，墨佐君表无碍之名，天衣禅留悟道之迹。斯地也，孙尚书欲卜居而不能，范文穆思再至而不果。岂如吾人，生长兹土，依岩架栋，占野分圃；散为村墟，凑为阛阓；桑麻交荫，鸡犬鸣吠；里无郭解剧孟之侠，市无桑间濮上之音；婚姻相通，若朱陈之族；理乱不识，若武陵之源。佛狸之马迹不到，周颙之俗驾自旋，星应五车，地绝三斑，卢橘夏熟，杨梅日殷，园收银杏，家种黄甘，梅多庾岭，梨美张谷，雨前芽茗，蛰馀萌竹。水族则时里之白，鲙残之银，鲂鲈鲥鲨，自昔所珍。吾且与子摘山之毳，掇野之茸，割湖之鲜，酿湖之醲，泛白少傅月夜管弦之舟，和天随子太古沧浪之歌。吊吴王之离宫，扣隔凡之灵窝，凌三万顷之琼瑶，览七十二之嵯峨，其亦足乐乎！彼岳阳彭蠡，非不广且大也，而乏巍峨之气；天台武夷，非不高且丽也，而无浩渺之容。盖物不两大，美有独钟。兹谓人间之福地，物外之灵峰，是固极游观之美，而未知造化之工。且夫天地之间，东南为下，非是湖为之尾闾，泄之潴之，则泛滥横溢，江左之民，其为鱼乎？怀襄之世，湖波震荡，非是山为之砥柱，镇之绕之，则奔激暴啮，湖东之地，其为沼乎？惟夫天作之宽，以纳以容，地设之隘，以襟以带，禹顺其流，分疏别派，三江既入，万世允赖。而后吾人乃得优游于此，盖至是而后知造化之意深，神禹之功大。谇曰：

吾何归乎？吾将归乎湖上之青山。世与我而相遗，超独迈其逾远。海山、兜率不可以骤到，非兹峰之洵美兮，吾谁与寄此高寒？

洞庭碧螺春

周瘦鹃

洞庭东西二山，山水清嘉，所产枇杷、杨梅，甘美可口，名闻天下。而绿茶碧螺春尤其突出，实在西湖龙井之上，单单看了这名字，就觉得它的可爱了。

碧螺春原是野茶，产于东山碧螺峰的石壁上。据说它的种子是由山禽衔来，掉在那里的。每年谷雨节前，山中人前去摘了茶叶，用竹筐子装回来，以作日常饮料。清康熙某一年，因产量特多，竹筐子装不下了，大家把多余的纳在怀中，不料茶叶受了热，发出一种异香，采茶的男女们闻到了，都说是吓杀人香。原来吓杀人是苏州的俗语，借来夸张它香气的浓郁。于是众口争传，作为茶名。从此年年谷雨节，男女们先得沐浴更衣，同去采茶，索性不用竹筐，都把茶叶纳在怀中了。康熙帝南巡时，曾到太湖，巡抚宋荦买了这茶叶献上去，康熙以为吓杀人香这个名字太俗了，就给改作碧螺春。后来地方官每年总得采办一批进贡，名为茶贡。那时因产量不多，只让独夫享受，民间是不容易尝到的。

我很爱此茶，每年入夏以后，总得尝新一下。沸水一泡，就有白色的茸毛浮起，叶多蜷曲，作嫩碧色，上口时清香扑鼻，回味也十分隽永，如嚼橄榄。清代词人李莼客曾有《水调歌头》一阕加以品题云：“谁摘碧天色？点入小龙团。太湖万顷云水，渲染几经年。应是露华春晓，多少渔娘眉翠，滴向镜台边。采采筠笼去，还道黛螺奁。龙井洁，武夷润，岕山鲜。瓷瓯银碗同涤，三美一齐兼。时有惠风徐至，赢得嫩香盈抱，绿唾上衣妍。想见蓬壶境，轻绕御炉烟。”他把碧螺春的色香和曾经进贡的一回事都写了出来；可是没有写到茶叶采下之后，是曾经在采茶人的怀中亲热过的。

一九五五年七月七日新七夕的清晨七时，苏州市文物保管会和园林管理处同人，在拙政园的见山楼上，举行了一个联欢茶话会。品茶专家汪星伯兄忽发雅兴，前一晚先将碧螺春用桑皮纸包作十余小包，安放在莲池里已经开放的莲花中间。早起一一取出冲饮，先还不觉得怎样，到得二泡三泡之后，就莲香沁脾了。我们边赏楼下带露初放的朵朵红莲，边啜着满含莲香的碧螺春，真是其乐陶陶！我就胡诌了三首诗，给它夸张一下：“玉井初收梅雨水，洞庭新摘碧螺春；昨宵曾就莲房宿，花露花香满一身。”“及时行乐未为奢，隽侣招邀共品茶；都道狮峰无此味，舌端似放妙莲花。”“翠盖红裳艳若霞，茗边吟赏乐无涯；卢仝七碗寻常事，输我香莲一盏茶。”末两句分明在那位品茶前辈面前骄傲自满，未免太不客气了。然而我敢肯定他老人家断断不曾吃过这种茶，因为那时碧螺春还没有被发现，何况他还在莲房中借宿过一夜的呢；可就尽由我放胆地吹吹法螺了。

注：周瘦鹃（1895—1968），苏州市人。现代作家，文学翻译家。本文原载古吴轩出版社《紫兰忆语》。

霜气洞庭橘子红

郑逸梅

我是苏州人，却没有到过洞庭山，这岂不奇哉怪也。直至最近，儿媳高肖鸿伴着我，乘旅游车，到那儿作竟日之游，以偿夙愿。最感兴趣的，山麓遍地都是橘林，车在橘林中行驶，较为缓慢，可以随行随赏，所谓山家十八熟，最早是碧螺春茶，最晚便是橘子，那枝头一颗颗的挂着，红酣圆匀，可爱极了。王羲之所谓："奉橘三百枚，霜未降，未可多得。"这时恰值霜后多得之际，但枝头上的橘，禁止游人采摘，每摘一橘，罚锾五元。可是途径较窄，车行其间，树枝擦着车窗，偶有坠入车内的，这是例外，不在罚锾之列了。坡陀间有些矮树，据导游者说，这就是闻名南北的碧螺春茶，也是前所未睹的。

车停山麓，眼前一片浩淼，已属太湖之滨了。在滩水荡漾中，可浣水，可涤面，前人所谓"云水光中洗眼来"，现在竟得尝试一下。我们即在这儿摄了照片，逗留了半小时，再上车。参观叶家花园，游廊环曲，巨树垂荫，登假山，据高远瞩，那湖水悠悠滚滚，更具气势。又赴雕花楼，窗槛阑槅，都雕镂着传统的图案和精致的花卉，而堂宇宏旷，门庑俨然，看惯了欧式的建筑，这种古旧规模，觉得别有情趣。

主要的游览地是紫金庵，庵中充满着宗教艺术，尤其十八尊罗汉，出于宋代雷潮所手塑，每尊各具姿态，生动之至，早有"金庵罗汉形貌雄，慈威喜笑惊神工"的题句。侧有听松堂，瀹着碧螺春茶，憩息品赏，加之丛松拱列于前，蔚然苍翠，真是个好所在，奈不能多留，又须随车离去。那镇市间，两傍都是售橘的，盈筐满篓，任人选购，大家一面买，一面剥着吃，鲜甜殊常。又在东山饭店进餐，出水鱼虾，也和常馔不同，那就眼福又饶口福了。至于柳毅井，设有围栅，来游者往往等闲视之，驻足者较少，实则是传说神话，不足凭信的。

注：郑逸梅（1895—1992），祖籍安徽歙县，生于江苏苏州，现代作家。本文原载古吴轩出版社《味灯漫笔》。

东山之美

黄 裳

到苏州的第三天，是一个绝好的晚秋天气。清早，一个人跑到南门车站，登上了去洞庭杨湾的公共汽车。在抓纲治国、大干快上的日子里，想找一个旅伴是不容易的。那么就独游吧！独游也有独游的好处，事先没有任何条条框框，一切全凭自己的摸索、实践。不论走到哪里，只要你肯请教，广大群众就都是你最好的向导。你会发现些普普通通的农民都是最善良、好客、热情的，他们有最丰富的知识，比起某些职业导游者的刻板、僵化、滔滔不绝的解说实在要好得远。得到同车的东山人的指点，我在一个叫作“涧桥”的小站下了车，沿了一条平整的石板路走上山去。真是一片浓绿，这早在汽车上所见的公路两侧，就已是如此了。一丛丛的栗子、银杏、布满了公路两侧的冈峦。有许多树我是不认识的，请教了以后才知道，不能不暗暗惭愧知识的贫乏。

银杏，是我见过的，而且见过几百年的古银杏，在青城的上清宫的山门楼上吃茶时，我曾凭栏抚摸过一株从山凹深处挺立起来的老银杏的树冠。过去我所见的银杏往往是一对，并列在寺院的山门外面，而这里的银杏则是大片的林。树龄并不怎么高，可也都有几十年、百把年了，真是一种壮观。

枇杷，是见过也吃过的，也欣赏过沈石田所画的枇杷折枝。只是这回才真地看见了巨大的老枇杷树，正在开着一球球的花。不用请教，我认得那叶子，但使人吃惊是它们垂荫如盖的风姿，而且也是成林的。

碧螺春，这被龚定庵赞为“天下第一”的名茶，原来就随地种在山路两侧，毫不矜贵，恰如一丛丛矮小的灌木冬青，他们也正在开着一朵朵白色的并不美丽的小花。龚定庵用“秀颖”二字形容它，指出它特有的“山水芳馨之气”，这都是极确切的，使我吃惊的是它们的平凡。人们告诉我，这茶，春天采的就是碧螺春，再迟就是炒青，这时候，不能吃了。

山路两侧还种了梅树，这我是有些认识的，但却说不准，怕也许是桃树，就向迎面走来的一位老人请教：“是梅花吧？”老人回答：“对啦，是梅子。”这又不能不使我惭愧了。就是在如此简单的植物名称上，也显出了差异。城里人念念不忘“香雪海”，从小就能背熟了孟浩然的“踏雪寻梅”和林和靖的“暗香疏影”，不禁冲口而出了。但农家所更重视的却是它的果实，其实也不只是农民，曹孟德就曾“鞭梢一指”，用远处虚幻的梅林，解除了大将的干渴；“青梅煮酒”，也是曹孟德和刘玄德的典故。可见在三国两晋时，人们对梅树的兴趣，也是着重于果实。到了北宋，住在苏州的著名词人贺铸的名句也说：“试问闲愁都几许？一川烟草，满城风絮，梅子黄时雨。”也还是“梅子”……

这样想着，走着，山路一折，看见了隐蔽在浓绿丛中的一座小巧的古庙。新粉过的黄色墙垣，在阳光中特别艳丽。没有山门，（山门应该在山脚下的什么地方，早已毁去了。只还剩下一个极古朴的石甃方池，有鸭子在池中游水，这一定也是古寺原有结构的一个组成部分。）从一个小门进去，有一个小小的庭院，当中则是大殿。殿后还有一进，左侧也有一进，都很小巧。大殿也一点都不富丽堂皇，紫金庵这一组古建筑却小巧得恰好。

看得出，这里最近经过整修，也粉刷过。我觉得这一切都做得十分出色。人们并没有大兴土木，把这地方弄得金碧辉煌。小小的庭院里洁无纤尘，每个院落里都有两株古老的花木。那是金桂、玉兰、山茶，树身周围都环绕着石砌的八角花坛。虽然不是花时，但看看那古老的树干，古拙的、盘旋伸出了殿角的枝条和那一片绿荫，真使人感到宁静、舒适。随喜了著名的古代名塑罗汉以后，就到左侧的别院白云居里去喝茶，那里供应本山的碧螺春。

金黄、娇艳的日影，洒满了小小的白云居，在茶座上可以望见小院里古老的山茶、短垣和墙外的满山苍翠。

喝着茶忽然想起了《江南园林志》作者的一些议论。他回忆解放前的拙政园时说：“今虽狐鼠穿屋，藓苔蔽路，而山池天然，丹青淡剥，反觉逸趣横生……爱拙政园者，遂宁保其半老风姿，不期其重修翻造。”他又批评那时的狮子林说：“惜屋宇金碧，失之工整。”又在论庭园布置时说：“且石径之苔藓未生，亭台之青素刺目，非积年累月，风剥日侵，使渐转雅驯不为功。”

在有些人看来，这真不免是一连串“怪话”。然而我是相信的，他说得很不错。当然我并不主张使园林都荒芜败落，不成样子，但我也不赞成把他们弄得“俗艳”。这是有道理的。就如眼前的宋塑，有些地方是经过后代好心的“善男信女”重装过的，因为手段拙劣，就弄得不成体统，反而损害了原作的丰姿。相反，那座观音没有经过后人的手术，就极好，使人真正认识了古代名工的手段。博物馆里的出土青铜器，都保留着斑斓的铜锈，为什么不一一擦拭，恢复他们的原状呢？那道理也一样。

重新整修过的紫金庵就做得很好，不再荒秽了，但也没有打扮得使人“触目惊心”。这是值得称赞的。

在白云居里坐了一会，吃到那盏碧螺春已经有些淡了下去的时候，就动身回到东山去。不打算走公路，想穿山而过。人们警告说，不熟悉山路，陌生人想独自走回东山怕有些难，但我还是决心闯闯看。先是穿过了一片山村，是一片古旧但颇齐整的民居，建筑都坚实、讲究，看得出这里一直就是富庶的地方。石板路一直穿出村外去，好一片漫山遍野的果林。慢慢地走上山去，扑面而来的是一大片结实累累的橘林，“正是橙黄橘绿时”，少女们用剪刀在采橘子，不一会，地上的筐就满满的了。我还在路边发现了一种陌生的树木，说不清是什么品种，打听的结果，原来就是洞庭东山著名的杨梅。

爬到山脊，在路边的石块上坐下来休息。放眼望去，这一片山岭已经很少空隙，几乎全都布满了各种果树。人们在繁忙的收获季节，还在开辟着新的林地，这都不过是果林中间一些小块的隙地。用水泥结构支架着的水管也铺设起来了，水是从山下提起来的。

跨过岭去，面前是又一座山屏，只是在屏风缺处望见洞庭的一角。这时从另一条山路上走下一个中年的农妇来，挑着一副担子，带着两个小女儿。问问她，知道是到东山镇上去的，于是就结伴同行。一路上打听她这里的生产情况、农家收益，证实这确实是一个富庶的地方。当地的劳动日值总在一元以上，生产队主要是经营果树，自己也种粮食，不过只能供应口粮的一半不到，缺额由国家调拨补充。收入最好的是枇杷，茶也不坏。又说今年大旱，果树也有旱死的，所以新建了水利灌溉的装置。苏州地区的农业生产是非常出色的，洞庭山一带是经济作物区，也实在经营得好。前些年“四人帮”打着“以粮为纲”的招牌疯狂破坏农业，也不曾受到太大的影响。按照“四人帮”的政策，这里的梅子、银杏、枇杷……统统应该砍掉，在石头上面叠起梯田来种庄稼，才算得是执行了“正确路线”的吧。这里的人民是聪明的，他们顶住了这股反动的狂风恶浪。

下山时又穿过了几处村落，房舍也都清洁齐整，老太太坐在门口照管着鸡群，和走过的农妇打着招呼，互相问候。这样走着走着，就又走进了一条狭狭的长街，店铺也多起来。街道很狭，在一家药店门口停着一部板车，我们都只能侧身才能通过。车上满满的装着扎得很紧的枇杷树叶，这是重要的中药药材。走到这里，我才知道，原来早已到了东山。这道长街，怕有四五里吧。

新修的洞庭饭店里真是座无隙地。坐在桌上等菜时，忽然想起了文学史上占了颇重要地位的田园诗。

从紫金庵走回东山，一路上所闻所见，美丽如画的山水草木，淳朴可爱的农家男女，鸡鸣犬吠，流水板桥。这一切在久居城市的人看来，真是可亲可爱，不能不产生留恋，总想什么时候能到这样的地方住些时就好。《红楼梦》写贾政游园，走到稻香村时，发表了“未免引起我归农之意”的评论，不是不可理解的。不过前两年刘大杰教授在一本文学史著作中，论及田园诗时，却把这样的思想定为“貌似超然于尘世之外，其实却是儒家政治路线的产物”，那可真是危险之至。如果依照教授的指导，做人可就艰难了。谁都不想充当教授指派的“失意的儒家反动派，挂起‘无道则隐’的幌子”的“逸民”，像我今天的旅行，一路之上就必须闭紧了眼睛，什么都不见；或者睁开眼睛，也得像翠屏山里的头陀似的，一路高声呼叫批判儒家的咒语，这才庶几可免于难的吧。

田园诗的时代，大抵是已经或即将过去的了。在向“四个现代化”的伟大进军中，农业的面貌必然会产生惊天动地的变化，机械代替了扁担、铁锴，养起鸡来也要工厂化，老太太养鸡的优越性也很快就要过去的。这都是无疑的、值得高举双手欢迎的伟大的新事物。不过我想，到了农业现代化完成之日，东山的山水一定还是在的，而且将更加美丽。新田园诗也必然会茁壮成长起来。作者也不再是什么“士大夫”，而是更广大的从新农民中产生出来的新的诗人队伍。人们从落后的生产工具、生产关系中解放出来以后，也必然会有他们自己的“闲情逸致”，但这无疑已是崭新的思想情感了。

这样想着，慢慢定下心来，吃着“红烧划水”了。这时从门口又传来了叫卖新菱的声音。而这座新建的饭店，也实在显得太小。时代的步伐委实快得使人吃惊，许多新采取的措施、新进行的改革，不要很久就又变成落后于形势的东西了，这座新建的不算小的洞庭饭店就是一例。

一九七八年十一月十一日

注：黄裳（1919—2012），祖籍山东益都（今青州）人。满族。当代散文家、高级记者。本文原载古吴轩出版社《小楼春雨》。

为东山喝彩

范小青

东山是老宅的东山。

许许多多经典的老宅，遍布在东山的村村落落、旧街小巷，千百年，它们被道德文章熏陶，被名人的气质浸透。知识的养料，在这里渗足了，许许多多的东山人就在东山的老宅中成长起来，又带着故人的精神，走出了东山，让东山老宅中的文化气息播撒得更远更远。

东山是古村的东山。

曾经多少次，我们穿行在陆巷，在青石牌坊下伫立，耳边响着的是陆巷老百姓的日常生活之声，而我们的心中，恍若遇见了王鏊；曾经多少回，我们走进杨湾，踩着人字形青砖砌成的小道，走进小茶馆，坐听蝉鸣鸡啼……东山的古村，安详地守着古老的自己，它们用年轮、用时光托起了东山。

东山是山清水秀的东山。

山清水秀的东山，是笼罩在雨水雾气中的，是细气的美，孕育出柔软温和的东山性格。曾经有北方的朋友在东山看到两户果农吵架，十分不解，因为他们吵到最厉害最激烈的时候，也只把自己的肩膀伸到对方的面前，说，倷打呀，倷打呀。自己决不先打对方，对方呢？对方也是这样，所以这样的架，是断然打不起来的呵。

东山是名人荟萃的东山。

唐祝文周的故事，流传数百年人们依旧津津有味；山中宰相的心性，到现在依然为世人所称道；出将入相的叶梦得，精雕细刻的金锡之……东山名人的功绩，实实在在是功在当代，利于千秋。

东山是诗文氤氲的东山。

春雨绵绵时，“微风发春妍，春风花外软。良朋约佳游，遥指莫厘巘”；层林尽染的秋天，你又可看到“霜林橘熟黄金颗，古洞人吹碧玉箫”。到灵源寺去，有“古寺在境内，来生人外心。岚光雨馀澹，树色门前隐”；登高望太湖，有“青天动荡浮云开，东方月出临高台。光流碧汉轮飞度，影入湖波魄共来”……诗人给东山留下的瑰丽篇章，永远飘逸在东山。

东山是艺术集萃的东山。

紫金庵罗汉的艺术价值，雕花楼雕刻的意味深长，无不体现出艺术气质在这片土地上得到最大程度的施展和发挥，无不告诉人们，东山的艺术是讲究的，是讲究出与众不同，讲究出独一无二，讲究出“精神超忽”的艺术精品。

东山是人间烟火的东山。

走在东山的每一条小巷，每一段老街，经过东山的每一座老宅，每一处旧址，世俗的生活世世代代在这里展开，在这里弥漫。在游人的目光之中，东山的老百姓，淡定地过着他们自己的平常日子：一个妇女提着菜篮，一个老人拖着放学的孙子，有辆摩托车太快了，有人会说，要紧点啥——就这样，东山的历史和东山的文化，渗透在民间，渗透在东山老百姓最普通的生活中。

东山是美食的东山，东山是树木的东山，东山是……

东山的物宝天华、美不胜收，对于熟悉东山的人来说，一定是如数家珍，对于初识东山的人来说，肯定是目不暇接。如果说东山是嵌在太湖之畔的一颗闪亮耀眼的明珠，那么，在东山这片土地上，散落着无数的异彩显现的珍宝，像浩瀚的太湖一眼望不到边。东山的珍宝是遍地深藏的，是低调的，是淡定的，即便你的足迹踏遍辽阔的东山半岛，即便你的目光穿越时空的层峦叠嶂，也未见得就能完全认识东山。

陆巷、碧螺春、雕花楼、四大才子……念叨着这些名字，好像念叨着自己的亲人、念叨着自己的家。这种感动，就是东山厚重历史的感召，就是东山丰富文化的浸染。东山的魅力和力量，在这里得到了充分的展示和张扬。

东山是我们心底的念想，是人们时时向往的地方。人们可以在这里尽情地徜徉，在这里恣意地行走，人们可以和古人对话，可以细细鉴赏那些精湛的民间工艺，还可以泡上一杯碧螺春，品尝一道白煨羊肉，到古村的小街上去看一看，感受它在河岸两边展开的东山人千百年来的日常生活。

东山的文化，东山的历史，是广泛散落在民间的。她浸润在每一处历史遗迹中，她渗透在每一个村庄的生活习俗中，她甚至完全地流淌在每一个东山人的血液中。

东山是让我们走、让我们看的，更是让我们感悟的。

感悟着东山，我们为东山喝彩。

注：范小青，著名作家，江苏省作家协会主席。

东山感悟

叶兆言

去过很多次苏州东山，印象最深的是看徐耿拍电影。徐耿是我大学同学，拍什么电影居然忘了，正是江南好时节，学中文的老同学成了著名导演，招呼去玩，稀里糊涂地便去了。去了不看拍片，在东山闲逛，风景如画，往哪看都是电影镜头。

茫茫太湖望不到尽头，站在高处远看，有种置身大海边的感觉。太湖最适合升起风帆的木船，随风而去任意东西。好地方会让人感到不现实，不浪漫也浪漫，老少皆宜，既适合年轻恋人，也适合白发苍苍的离退休人员。你都不用化妆，一不小心就跑到历史里去了。这种好地方，谁来了，都是群众演员，可以很轻松地走进民国，走进晚清末年。

东山碧螺春，这是我祖父最喜欢喝的茶。当年还不是那么昂贵，每到春日，父亲总会想方设法带点去北京。那时候，喝碧螺春是种仪式，对一个居住北方的江南人来说，意味着对家乡的怀念。枯肠未易禁三碗，生听荒城长短更。老人家一喝到碧螺春，闻到那独特的芬芳，便知道春天来了，便开始强烈地思念江南。

碧螺春是很不耐喝的一种茶，它的清香它的茶色，必须认真对待，一不留意，就会稍纵即逝，就是暴殄天物。喝碧螺春必须带着一种呵护心态，要静下心，一口一口慢慢喝，小心仔细品尝。祖父生前常笑我们喝不出碧螺春的好，是牛吃蟹，父亲和我不太明白这句话；祖父过世，再好的碧螺春也无法寄送，物是人非，这才开始真正醒悟。树欲静而风不止，子欲养而亲不待。碧螺春的好，当然不仅仅是因为高档和昂贵。

同样道理，一提到东山，人们肯定会说起“尽雕刻之能事，穷福禄之大全”的雕花楼。过去二三十年，以它为场景，已拍了七十多部电影和电视剧。说老实话，我个人并不喜欢这栋充满暴发户气息的土豪楼，无论花了多少金银，请了多少能工巧匠，雕了多少精美图案，也掩盖不了它的没文化。可是就像巴黎的埃菲尔铁塔一样，你喜欢也罢，不喜欢也罢，它顽强地留了下来，成为东山的一部分，因为著名，你不得不接受它的存在。

时间才是真正的艺术大师。雕花楼距今不足一百年，主人是民国初年的棉纱大王，土豪成色十足。当年棉纱犹如今天房地产，如果有富豪排行榜，一定可以找到他的名字。现如今人去楼空，它成为历史繁华瞬间的最好见证。时光磨去了俗气，沧桑增加了文化，雕花楼已成文物，是游客应该和必须要看的一个景点。

一句话，感悟东山，最简单的方法，先静静地喝一杯碧螺春，然后再匆匆地看一眼雕花楼。

注：叶兆言，著名作家，江苏省作家协会副主席。

东山古镇

郑培凯

太湖千顷波涛，在浩荡苍茫之中，孕育着秀丽的东山及西山二岛。东山岛因为湖沙淤积，大概从唐代以来，岛屿的北端就与陆地连接，成了东山半岛。西山则处在湖水环抱之中，与陆地保持一种矜持的距离，一直到20来年前，地方政府建了跨湖大桥，让苏州人不必荡舟就可以登岛。东山及西山，又称洞庭东山及洞庭西山，或称东洞庭、西洞庭，不熟悉苏州地区地理名称的人，时常望文生义，以为说的是湖南洞庭湖一带的地望。十几年前，我和一群“赏春茶、聆昆曲”的香港朋友，乘车到洞庭西山去实地观察碧螺春的制作，站在茶农家的院子里，用粗瓷碗品过刚刚炒好的春茶，还游览了林屋洞、包山寺、石公山。洞庭东山却一直没去过，直到前年，才因缘际会，住进了规格最高的东山宾馆，听说是享受了国家领导人的同级待遇，可以从别墅房间，打开落地的玻璃门，在自己的阳台上，指点江山，一览浩瀚无边的太湖烟波。

最近再访东山，是带着两岸历史文化研习营的学员，考察明清江南文化去的。我们师生六七十个人，分乘两辆游览车，浩浩荡荡，到了东山的陆巷古村。古村大体上还保持着明清本色，不像大多数江南古镇已经彻底观光化了，到处卖些不伦不类的工艺品、批量生产的土产以及印上地名的T恤。陆巷当地人心目中，最显赫的古人，是明代弘治、正德年间的王鏊，因为他曾连捷解元、会元、探花，曾任户部尚书、文渊阁大学士，算是宰相级别的国家领导，光宗耀祖，让村民与有荣焉。要在村里的石板巷道走一走，七绕八绕，总能看见三道木制牌楼，上题“解元”“会元”“探花”，所谓“三元牌楼”。村里人传说，王鏊本来应该中状元的，是因为有人嫉恨他的才华，向皇帝进谗言，才在殿试中名列第三。当地人还说，唐伯虎就是他的弟子，曾赞誉他为“海内文章第一，山中宰相无双”。传说得以流传，历久不衰，当然是出于爱护乡邦先贤的心理，倒并不奇怪。奇怪的是说，王鏊曾祖母姓陆，其村因此得名陆巷。不过，古村的导游却说，陆巷之名的来源很实际，说的是村子里的六条巷子，然后带着我们考察，一一指证。

其实，这个古村建于宋代，还出过一个更早的大人物，即是宋徽宗时的翰林学士、南渡之后的户部尚书叶梦得。村子的尽头有个宝俭堂，据说始建于宋代，初名梦园，就是叶梦得故居。叶梦得晚年退居湖州石林，自号石林居士，不再回到陆巷，故居就在明初改称宝俭堂，世代为叶氏后裔所居。宝俭堂保持了苏州传统府第宅园相连的风貌，小巧玲珑，环水布置园林，以小见大，十分精致细巧，不输于苏州城中的小型园林。虽是匆匆浏览，却能使人感到心旷神怡。

我不禁想到，上海博物馆藏有赵孟頫的《洞庭东山图》，其中自题："洞庭波兮山崨嶪，川可济兮不可以涉。木兰为舟兮桂为楫，渺余怀兮风一叶。"在太湖东山的古村中徜徉竟日，真有扁舟缥缈之想。

注：郑凯培，台湾著名诗人，代表作有《我为你写诗》等。

（三）文旅产业，异军突起

1 西街

西街位于东山古镇的西面，又名西新街，明清时期就是东山繁华的政治经济中心，人文荟萃，古迹众多。短短600米的区域内有国家级文物保护单位1处、江苏省级文物保护单位4处、苏州市级文物保护单位3处、控保建筑10多处。2011年，东山镇启动古镇西街的保护与开发，经过近4年的开发建设，于2015年10月1日正式开街。西街开放的景点有东山状元馆、文德堂明清家具陈列馆、影视文化馆、清太湖厅署旧址、亚明纪念馆，此外还有唐人故居、严家花园、夏荷园、诸公井、状元桥、响水涧等名胜古迹。西街是东山探幽访古最有文化特色的旅游区域。

图2-3-1　西街夜景

2011 年 8 月，东山镇抢抓创建国家 5A 级旅游景区机遇，为促进古镇文化旅游经济发展，对西街进行了保护性改造、开发。项目于 2012 年 9 月正式动工。包括古镇牌楼、停车场、旅游公厕建设，三线入地、雨污水管网和路面铺设等基础设施工程，以及西街立面改造、危旧公房改造，阁老厅、状元馆、清太湖厅署旧址、绍德堂等景点的修复，累计投资 1.2 亿元。如今，施巷河、响水涧、施公桥、诸公井、曹公潭、轿子弯等 6 处公共街景已经恢复原貌，老洞庭饭店、状元馆、文德堂、亚明纪念馆、五湖书院等景点也已开业开馆。随着影视文化馆、清太湖厅署旧址、夏荷园等景点和雕花楼民宿等项目的逐步建成开放和沿街业态的布置完善，东山西街深厚的历史文化必将得以完美串联，繁华的街区将全面展现在世人面前。

图 2-3-2　古街风情

2015 年 10 月 1 日，经改造修复的西街正式开放。此后，每逢传统佳节，东山镇都会举办以“聚西街·醉东山”等为主题的民俗风情旅游节活动。市民、游客可免费参观状元馆、亚明纪念馆、文德堂明清家具陈列馆等西街景点。走响水涧、爬廿四弯，能勾起老东山人的乡愁；到老洞庭饭店点几道小菜，重温儿时记忆中的味道；更有书画家笔会、台阁、划拳民俗表演，洞庭饭店美食节、国学讲坛等众多精彩活动等着大家。

图 2-3-3　新春年市

状元馆

状元馆位于东山古镇莫厘路与人民街交叉口西侧，它的主轴上有仪门、厅楼和住楼三进建筑，还有门屋、茶厅、小花园等建筑。

图 2-3-4　状元馆

一进一楼为状元馆，展示明代状元施槃、清代状元王世琛的生平、科举生涯以及他们的传奇故事；一进二楼为进士馆，展示以王鏊为代表的 50 多位明清进士的风范。二进为家谱、家训馆，这里展示的“翁氏家训”、沈氏《迩言家训》流传已有 300 多年，堪为东山众多家训的代表作。三进一楼为科举馆，展出从隋至清各朝科举制度的资料，还选介了部分苏州状元。

亚明纪念馆

亚明纪念馆设在绍德堂，又名近水山庄，位于东山新义村，有墙门、茶厅、大厅、住楼、花园等。各进都有天井相隔，两侧有厢房、附屋，由备弄接连，规模较大。亚明纪念馆于 1982 年 3 月被列为江苏省文物保护单位。

亚明在东山绍德堂“面壁”十年，创作了一批壁画。大厅正面墙壁是《华山积雪》《黄山烟云》《泰山朝辉》3 幅大型壁画，或气势恢宏，或雄浑苍莽，或秀丽险峻。东西墙壁的壁画分别是《山回路转不见天》《暮从碧山下》《北山白云里》《庐山新雨后》《春风又绿江南岸》《北村渔市一缕》等 8 幅壁画，这些壁画根据唐宋八大家诗词意境创作，画面欢烈清秀。大厅后壁《渔家傲》壁画下端镶砌着一方 3 米多长、数十厘米宽的大青石，镌刻着从晋至唐 21 位书法家的姓名。大厅后面是大楼，正中挂着一幅长 16 米的巨型画卷《江山万里图》。

响水涧

响山涧是东山西街胜迹之一。水源自法海坞沿山南下，折而向东，汇集莫厘峰、三茅峰等各支流然后奔向太湖。每当雨后，山水奔涌直下，冲击涧中的块块岩石、驳岸崖壁，银珠飞溅，气势雄浑，如万马奔腾。平日，水流清澄，水声顿挫委婉。枯水时节，涧水涓涓，若断若续，明流暗淌。响水涧全长 2.5 千米，涧之下游，架有拱桥，名为施公桥，是为纪念明代状元施槃而筑。

图 2-3-5
响水涧

东山方志名人馆

东山方志名人馆简称东山名人馆，建于 1995 年 10 月，当年曾被列为中国地方志工作八件大事之一。初设于启园，2005 年迁至东街敦裕堂。展馆面积有 1 000 平方米，分“方志名人馆”“氏族寻踪馆”“古镇古村馆”三个部分。名人馆展示东山古今名人 930 多人，其中古代 186 人，近现代 117 人，当代 629 人。名人入选标准为：古代，进士、举人和知县以上官员；近现代，师、局级以上干部和副教授职称以上人员。收录的当代人物中，有中科院院士 4 人、博士生导师 32 人、教授 400 多人，师、局级以上干部 140 多人。馆内重点介绍的人物有 190 人，照片和图片资料 1 100 多份，分政界、军界、金融界、医药界、科技界、教育界、文化界、工商界、侨界九个栏目展出。自 2005 年 10 月 10 日正式对外开放以来，每年免费接待参观学习的学生及社会各界人士达 5 000 人次。东山名人馆于 2006 年 7 月被东山镇关工委指定为青少年德育教育基地，2007 年 7 月挂牌为“北京师范大学地理学与遥感科学学院人文地理学实践基地”。2008 年 9 月被中共苏州市吴中区委宣传部、苏州市吴中区哲学社会科学界联合会命名为“吴中区社会科学普及基地”。

图 2-3-6　东山方志名人馆

图 2-3-7　学生参观东山方志名人馆

小知识

中国纪录片小镇

2016年4月17日，北京电影节上传出消息，中国首个纪录片小镇落户苏州东山。据悉，东山纪录片小镇计划举办纪录片培训班、大学生纪录片大赛、提案大会等一系列活动，并建设纪录片大师工作坊、主题客栈、纪录片影院等，旨在打造一个纪录片的文化产业空间，为纪录片人才提供交流互动、展示才华和走向世界的平台。

时任东山镇镇长的陆为民介绍，20世纪二三十年代，中国影视业刚刚兴起时，苏州东山就已成为中国影视界最早的外景基地之一，先后有180多部影视剧作品在东山取景拍摄。近几年，东山以镇属文化传媒公司为运营载体，开始在纪录片产业道路上探索前行，先后自行拍摄了多部人文纪录片，组织承办江苏省纪录片行业年会、太湖东山大学生纪录短片创作季大赛等活动。“东山纪录片小镇将成为中国纪录片人和纪录片爱好者们的精神家园和集聚地，树立中国纪录片小镇的第一品牌”，陆为民说。

“东山纪录片小镇的发布，被业内人士赞誉为这次北京电影节纪录片单元的一大亮点”，中国广播电视协会纪录片工作委员会副秘书长、纪录片中国理事会秘书长张延利告诉记者，纪录片是传递文化的良好载体，它通过故事与影像的生动呈现，让知识、文化与精神深入人心。他表示：“纪录片早已不仅仅是单纯的影视作品，更是一个具有商业价值的产业平台，可以成为地方文化名片。如法国的戛纳小镇，就是通过嫁接电影节这样的影视活动，成为世界著名文化圣地。”

中国教育电视台副台长、纪录中国理事会副理事长陈宏是纪录片小镇模式的首位倡导者，他对东山纪录片小镇未来的发展充满期待，“希望东山能够成为中国纪录片新的聚焦点”。

据悉，为配合纪录片小镇建设，苏州东山文化传媒发展有限公司和纪录片中国理事会联合发起成立了“中国东山真实影像基金”，基金初期规模为500万元人民币，定为非营利性基金，主要参与纪录片项目的前期扶持、人才扶持、培训交流、纪录片平台的搭建和主题活动的组织筹备等。对于纪录片项目扶持的几个方向包括中外合拍项目、纪录中国扶持项目、东山纪录片小镇的活动、反映东山题材的纪录片项目等。

2 青蛙村

图 2-3-8　青蛙村（一）

青蛙村即东山镇杨湾西巷自然村，临近长圻码头，背山面水。现有农户 68 户。2012 年以来，杨湾村抢抓村庄环境整治和美丽村庄建设契机，将昔日交通不便、基础设施落后、现场观感不佳的偏远山村打造成了环境优美、配套设施完善、充满江南水乡韵味的太湖美丽山村。

2014 年起，杨湾村将文化创意植入乡村改造工作中，着力打造西巷“青蛙村”的概念，倡导绿色生态、低碳环保的开发意识，重新构建魅力乡村。从“这里的蛙声能卖钱”开始，西巷“两栖小镇”的业态日益丰富，青蛙咖啡馆、精品民宿、西巷茶楼、湿地景观以及果品观光园，逐渐成为那些渴望在城乡间享受“两栖生活”的人们重返乡村，体验慢节奏生活的驿站，“青蛙村”也成了江浙沪乡村旅游的新亮点。自行车主题餐厅、青蛙亲子乐园、青蛙科普文化馆、文创杂货铺、西巷码头等新特色项目已经一一亮相，八方游客慕名而来。

图 2-3-9　青蛙村（二）

3 陆巷影视文化主题街

影视文化主题街位于陆巷古村南入口守溪街，建筑面积约 3 920 平方米，是为完善东山影视基地的配套服务而打造的景点。

图 2-3-10　影视文化馆

图 2-3-11　陆巷古村

影视文化馆　左边的放映区可容纳 10 人左右，可供影视剧组召开小型研讨会，右边是影视文化馆。整个展示馆以贯穿东山影视历史的时间轴为主线，浓缩展示每个年代在东山拍摄的影视剧代表作品。

守溪主题民宿　共开设客房 31 间，以王鏊和他的学生江南四大才子为主题，分别设有王鏊文化的“守溪草堂”、唐伯虎文化的“桃花坞”、祝枝山文化的“枝山小屋”、文徵明文化的“徵明坊”、徐祯卿文化的“昌谷轩”五个主题客房区域。所有客房均古雅、质朴。

主题书吧　取名“8 毫米”（最小规格电影胶片宽度）。书吧兼具书店的功能，东山文化传媒公司制作的系列丛书《感悟东山》《影视东山》在这里都有销售。

4 电商园

东山以得天独厚的生态、物产优势，传承至今的洞庭商帮精神，以及电子商务良好发展现状和已有的硬件设施，为大力发展农产品电子商务及建设农产品电商产业园提供了精神动力、物质基础。东山是农业大镇，物产丰富，是天然的生产基地。农业年产值 8 亿元，占全镇总产值的 10% 左右。种养面积 66.67 平方千米，是全国十大名茶之一洞庭碧螺春的原产地、江苏省重要的常绿果树生产基地和环太湖大闸蟹主要生产基地。同时，太湖莼菜、“太湖三白”、太湖湖羊、银杏等特色农产品享誉全国。东山年产碧螺春茶叶 100 吨，杨梅 1 500 吨，白沙枇杷 4 000 吨，太湖大闸蟹 5 000 吨，各类无公害蔬菜 1.5 万吨，可谓“季季有果、月月有花、天天有鱼虾”。洞庭商帮有钻天精神，东山人自古就流淌着商人的血液。与徽商、晋商及其他商帮主体大多是以一省或数省为单元不同，洞庭商帮是以县以下的一两个乡而命名的唯一一个古代商帮，主要以东山人为主。明清以来，洞庭商帮与最著名的徽商分庭抗礼，一天一地，平分江南秋色。有谚语“钻天洞庭遍地徽”，“徽帮人最狠，见了山上帮，还得忍一忍。”时至今日，洞庭

图 2-3-12　东山电商园

商帮“精明诚信、吃苦创新”的精神一直传承下来。在互联网时代，当代东山人将为自己插上互联网的翅膀，努力实现转型。而随着产业信息化程度的提高及“互联网 +”时代的到来，加上具有互联网思维的逐渐成长起来的新农二代和“大众创业，万众创新” 的良好社会氛围，东山农民逐渐开始改变传统的销售方式，走上了电商销售的道路。近两年，东山网店数量增势迅猛。2010 年只有 10 户人家从事电商销售，这几年小步快跑，2015 年增加到 185 户，到目前为止已发展到 572 户，产值由 300 万元提高至 1.3 亿元。网销种类也不断增加，从开始的三四种，发展到包括果品、大闸蟹、白切羊肉、太湖莼菜等 20 多种。另外，电商销量逐年增加。吴侬、东山茶厂等合作社在天猫商城、京东商城已建立洞庭碧螺春旗舰店， 2016 年茶叶销量比 2015 年增加 15%。白沙枇杷网销量 170 吨，占全镇白沙枇杷总销量的 10%，比 2015 年同比增加 50%。这两年东山电子商务在民间的蓬勃发展，为东山传统农业转型创造了条件。

图 2-3-13　电商园风貌（一）

基于个人在发展农产品电子商务过程中遇到的信息不畅、成本较高、技术落后、品牌不强等问题，东山农产品电子商务产业园应运而生。东山电商园总投资近 7 000 万元，占地面积达 6 万多平方米，建筑面积约 2 万平方米，建成五个功能区。综合展示区总面积近 3 600 平方米，主要展示“智慧东山”“现代农业”“人文历史”“旅游文化”“地方特产”等内容。创客中心区主要服务于东山农副产品、文化旅游产品的线上销售，设有 200 多个大学生创客席位。同时，还设有中国饭店协会联络处、酒店采购中心、农产品包装设计中心、商铺 O2O 线下产品展示点。物流培训区设有大型冷库，聚集了顺丰快递、中国邮政 EMS 等物流公司，为园区内商户提供高效、快速、专业的冷链配送物流服务。同时，配有电商培训中心，为商户、创客提供运营管理、创新设计、技术提升等培训服务。电商交易区主要经销东山碧螺春、太湖大闸蟹、枇杷、杨梅、莼菜、板栗、白果等，以及东山特色糕点等美食和手工艺品、旅游文化产品，现已入驻商户 70 余家。后勤服务配套区整合担保、保险、银行等金融服务机构，为商户提供融资、担保、保险一站式服务。

电商园以 O2O 模式，依托优质资源产地优势，将线上运营、线下体验相结合，推进农商旅一体化融合，共有六大核心体系：政策扶持、金融服务、诚信建设、人才培训、公共服务、物流快递，通过六大核心体系的建设，最终达到“降成本、提品质、优服务”的目的，从而实现大众创业，万众创新，推动老百姓增收致富。

目前东山农产品电商园发展尚处于起步阶段，正在不断完善和改进。下一步，园区将充分发挥聚集效应，加大对全镇蟹农、果农、茶农以及民俗农家乐的电商服务，加强技术培训和指导。同时加大力度与旅游业对接，让所有游客能够在电商园买到地道的东山特产，吃到东山最新鲜的美味，逐渐把电商园区打造成全面宣传东山的一个窗口和一张亮丽的名片。在完善东山农产品线上销售和线下体验的基础上，逐步把全区的农产品纳入电商园平台，甚至逐步辐射苏州市的其他区域，真正做大做强农产品电子商务，让农民告别“提篮小卖”，力争在“十三五”期间实现全镇农产品电子商务创收 5 亿元的目标。

图 2-3-14　电商园风貌（二）

5 杨湾自行车公园

杨湾自行车公园毗邻三山岛长圻旅游码头和杨湾古村，面积5.4平方千米，利用区域内山水人文资源、乡村风貌串联成了40个自然与人文景点，打造成集自行车运动、山水人文风光以及休闲采摘等特色为一体的综合性特色主题公园。公园包括“三线”“三区”，其中“三线”是指三条不同游览体验的自行车骑行专用生态景观道。“三区”是指长圻码头、杨湾、万家生态林三个入口服务区，区内设施完善，提供包括自行车租赁、停车、洗浴和纪念品销售等配套项目。“十八景”分别是“灵源古寺”“明清一条街”“铜鼓点兵”“轩辕宫”“演武墩”“吴越烽火”“能仁寺遗址”“碧云洞”“醉石山庄”“南湾荷舫”“屯湾人家”“岭下探梅”“长圻夕照”“长圻咀”“观景台”“览胜石”水泽蹊径“灵囿探耕”“碧坛远眺”。

图2-3-15　自行车公园（一）

图2-3-16　自行车公园（二）

（四）交通便捷，经济腾飞

经济发展促进了东山小城镇建设。镇区面积从1.8平方千米，拓展到4.2平方千米。在道路交通、自来水、通信、电力基本设施和环境保护、旅游服务、房地产开发等各个方面，加快了城镇建设，先后拓宽10多条道路，铺设干线120千米；建造日供万吨级的自来水厂，居民自来水普及率100%；建设污水处理厂1座，日污水处理能力5 000吨，污水处理率100%。配备了完善的配电设施，综合电压合格率100%，供电可靠率99.97%。架通了全镇的有线电视光缆，全镇有线电视用户16 000多户，电视综合覆盖率100%。建设了东山农贸、果品两大市场，开发东山商城、景园、东山会、涵月楼、林清苑、天境等别墅区，还在镇区建设了洞庭苑、新世纪广场、雨花胜境等多个市民公园广场，园林绿化面积达0.25平方千米，绿化覆盖率55%。投资水利数千万元，建立较完善的水利防洪设施。2006年1月东山镇获评“全国环境优美镇”。“十二五”期间，启动建设1.6平方千米的新镇区，石鹤山路、望山路、底定路等基础道路建成通车，实验小学新校园、农产品交易中心、什物谷购物中心，华润超市等相继落成，有商业网点1 700多个，城乡集市贸易兴旺。全镇加强太湖水环境综合监管，打捞水草1.6万吨，实施芦苇收割和湿地养护2.07平方千米多亩，三山岛湿地公园被评为“国家级湿地公园”，东太湖湿地被评为“苏州市湿地公园”，2014年获评“中华宝钢杯环境优秀奖”。2015年完成第一轮村庄环境整治工作，创建市、区两级美丽乡村建设示范村12个，实现地质灾害治理项目6个，新增林地绿地1.67平方千米。东山位于太湖之滨，承担着苏州市及吴中区生态保护的重要任务，“十二五”期间，东山镇每年将财力的20%用于太湖治理保护，确保太湖水蔚蓝清澈！

1 东山格局

洞庭东山南部分布着低洼圩田平原、冲积平原、滨湖水网平原和山麓平原，比较开阔，山北有零散的山麓平原，所以东山镇区一直位于山的南麓。东山有句俗语，“先有官庄葛家渎，后有翁巷席家湖”。东山镇区原在离现镇区三四千米外渡桥村的范围内，后逐步向山麓靠拢，自东北向西南方向一字排开，至南宋年间布局形成。围绕着洞庭东山的各个山湾山坞，以镇区为中心，如众星拱月般分布在东山的各个自然村落。

随着经济发展和镇区面积的不断扩大，从 1994 年开始，东山镇区由一街（人民街）逶迤扩展为四横（紫金路、启园路、银湖路、雨花路）、五纵（莫厘路、洞庭路、银杏路、殿泾港路、环太湖大道）的中心镇框架。进入 21 世纪以后，在老镇区南 2 千米外启动 1.6 平方千米的新镇区建设，南北向的石鹤山路、凤凰山路和东西向的望山路、底定路构成井字架构。该区域中的农产品交易中心、富民工业园区、安置房、实验小学新校园等相继建成投用。在东山镇总体规划引领下，东山正在构建“一线、二岛、三片、四区”的发展新格局：“一线”，把东山环岛公路沿线打造成黄金旅游风景线；“二岛”，把三山岛和余山岛打造成湖岛风光的亮丽名片。“三片”，把现代农业展示片、山林风光展示片和影视文化展示片打造成东山特色集聚区；“四区”，把古镇区、新镇区、湖滨区、工业区打造成产业结构布局合理的功能区。

2 环岛公路

东山环岛公路：

图 2-4-1 东山环岛公路（一）

2008 年，东山镇在原环山公路基础上扩建东山环岛公路。2011 年 12 月 30 日，东山环岛公路全线贯通并投入运行。环岛公路全程长 26.2 千米，路面宽 11.5 米，公路按山区二级公路标准设计。

环岛公路有五个临水的自然村，为保护原生态村的自然环境，不改变村民们原有的生活环境，尽量不搞拆迁，所以在村与村之间和太湖中建设公路桥梁 32 座，其中桥身长度超过 350 米的大桥有三座，分别是：

岱心湾大桥：全长 675 米，分 72 个孔。桥面宽度 14.5 米（主车道 10.5 米加上两条各 1.7 米的人行道和两条各 0.3 米的护栏）。下部的桥二端（43 孔）为扩大基础、中间（29 孔）为灌注桩基础；上部为钢筋砼拱桥、沥青砼桥面；桥二端（50 孔）为旱桥孔，孔径为 7 米 ~ 9 米、中间 22 孔临水，孔径 10 米 ~ 14.5 米，均设计为正半圆孔；常水位时水位在拱座台口下 30 厘米处；桥底为块石铺砌、拱座和侧墙为金山石板贴面、拱底白色喷砂装饰、金山石栏杆。

丰圻大桥：全长 443 米，分 29 个孔。桥面宽度 14.5 米（主车道 10.5 米加上两条各 1.7 米的人行道和两条各 0.3 米的护栏）；桥下部为灌注桩基础；上部为钢筋砼拱板、沥青砼桥面；桥孔孔径为 15 米，设计半径为 9.09 米；常水位时水位在拱座台口下 30 厘米处；桥底为块石铺砌，拱座和侧墙为金山石板贴面，拱底白色喷砂装饰，金山石栏杆。

白马庙大桥：该桥为单向车道（简支梁桥），全长 382 米分 19 个孔；桥面宽度 7.7 米（主车道 6.7 米加上两条各 0.5 米的护栏）；桥下部结构为扩大基础，中间为直径 1 米的钢筋砼立柱、系梁和盖梁；上部有 20 米预应力空心板梁、沥青砼桥面和防撞钢护栏。

不足 20 米长的桥梁共有 4 座，其中，地处后山白沙村的外婆桥仅 19.04 米，为长度最短的一座。桥长 20 米以上不足 40 米的 22 座，超过 40 米不足 100 米的有 3 座。

东山环岛公路的建设有着与其他乡镇公路不同的元素。

公路与桥梁的设计以安全、适用、经济为前提，造型与当地环境相协调，尤其是三座大桥的造型在设计时就考虑要体现江南古镇东山的风貌。东山景区以湖山秀美著称，同时，古村古宅鳞次栉比，人文东山诗意氤氲，艺术集萃，名人辈出，东山历史和东山文化渗透在东山老百姓最普通的生活之中，无论是车行还是步行，都随处可见。

再从景观角度看，东山环岛公路区域到处呈现一派近山远水的湖岛风光，太湖岛屿星罗棋布，沿湖峰峦逶迤，山回水抱，景区中的古镇、古村、古巷，都恰到好处地点缀在秀丽湖山之中。一路一程，湖岛风光尽收眼底，公路依山势起伏，时而在村落中间穿过，时而在太湖之上穿越，青翠的山林、浩渺的太湖、粉墙黛瓦的江南民居……从这条黄金通道一路走来，可将充满江南风韵的水墨画尽收眼底。

图 2-4-2　东山环岛公路（二）

图 2-4-3　滨湖大道二期（一）

蓝得明媚、红得耀眼的“网红路”——吴中区滨湖大道二期工程于 2018 年 8 月 31 日正式开通。此条大道起于临湖镇黄垆港套闸，止于东山镇双湾村，主线全长 15 千米。新公路采用集防洪大堤与交通观光于一体的设计理念，15 米主车道，左右各 5 米绿化带、3 米人行道，尤其是宽达 3 米的红色塑胶跑道蜿蜒于太湖水陆之间，是其中最靓丽的色彩。在“滨湖红”的衬托下，滨湖大道似一条多彩的飘带，摇曳在蓝蓝的太湖之滨，美得无法言说。

夕阳西下，余晖一抹，茶余饭后，凉风习习，一路骑行，何等惬意！

图 2-4-4　滨湖大道二期（二）

（五）作业设计

1. 读了本部分赞美东山的美文佳作后，你有何感想？结合你眼中、心中的东山，抒写一篇讴歌东山的优美诗文。

2. 东山西街的民俗风情主要特色在哪里？你认为西街改造在哪些方面还需不断下功夫？

3. 东山文旅产业的亮点在哪里？请设计一份调查问卷，并适时展开实地调查。

4. 东山环岛公路沿途的“乡村农家乐”星罗棋布。为方便游客游玩，进一步丰富提升东山旅游的内涵与品位，你认为哪些方面还需要着力改善？

5. 参观东山西街、电商园，徒步廿四湾，以“东山印象”为话题写一篇文章。

6. 在东山的众多旅游景点中，让你印象最深的是哪一处？请用你的笔将之精彩呈现。

7. 调查问卷或研究性学习课题：为推动东山农副产品销售，东山电商园还需要有哪些突破？

8. 请你以主人翁的姿态，为东山5A级景区的提升发展献出若干“金点子”。